新手父母

《善用獎懲的教養新配方》修訂版

不用更好，只要剛剛好的教養哲學

過度理想化讓親子都挫折

降低要求X善用獎懲

塑造孩子的正向性格

屏東基督教醫院心理治療師
《念頭一轉心就不煩》作者
楊順興／著

〔前言〕

孩子迷失，是因為父母已經迷失？

父母修正方向，孩子很快就會跟上來

世界上，有什麼事情是可以做1分的工作，而得到100分的效益呢？我想，「親子教育」這件事應該是其中之一。

孩子像一株幼苗在長大，在某些時間點，也許有長歪的時候。如果父母能在這個「關鍵時刻」用點心矯正，給他一個正向力量，孩子就會重新找到他的方向，長成一棵筆直的大樹。

如上引導，孩子長大後，來到中老年的父母，會相對安樂。相反的，如果父母觀念不正確，弄錯方向，孩子人格也會跟著偏差。

當一棵糾結扭曲的樹長成，父母就必須一直擔憂孩子到老。其中的差異，真的只在於「觀念」是否正確。

在親子教育的過程中，最重要的工作是「培養健全的人格，並讓孩子了解勤勞的重要」。父母最好能建立完善的「獎勵」與「懲罰」制度，讓孩子清楚地感受到，做出好的行為就能得到獎勵，做了不好的行為就有相對應的懲罰。

當然，孩子天生不同的個性，會增加教養的難度。在書的最後章節，我特別介紹「過動症（ADHD）」。雖然教養的觀念、技巧都一樣，但是過動症孩子的管教，的確會比一般孩子難上許多（主要的困難點，在於他們衝動的個性）。

擔任心理治療師已經超過十五個年頭，我不太相信有很難教，或者說「教不來」的孩子。對我而言，那些在大人眼中很難教的孩子，跟一般孩子並沒有太大的差別啊！

其實，真正難教的人是——「他們的父母」。父母固執於一些錯誤的觀念，即使孩子已經出狀況，依舊不願意改變。

孩子迷失，是因為父母已經迷失。只要父母找到自己的問題，修正了方向，孩子很快就會跟上來的。這一點，是親子教育中最應該做到，卻也是最難做到的部分。

這本書裡，我提供了一些新想法、新觀念，希望讀者們願意去試驗、去思考。我建議讀者，一開始可以嘗試各種作法，然後把有用的部分留下來，沒用的部分丟掉。對於以往的舊觀念，也應該這麼做。

如果實踐本書的概念，有了心得想要分享，或遭遇了問題百思不解，都歡迎留言給我。在我的能力範圍之內，我將會盡力回覆。

目錄 CONTENTS

【PART B】

用錢獎勵孩子，太好了?!

我不是說光靠「錢」就能成功教養。要養出一個人格健全的孩子，關心最重要。當父母很關心孩子，卻覺得孩子還是不太好教時，金錢獎勵就派上用場了。

目錄 CONTENTS

[PART C]

執行獎懲小撇步

孩子的心像株脆弱小樹，容易長偏長歪，「有限體罰」是必要之惡。獎勵，則可以中和懲罰帶來的負面效應，也讓孩子知道自己被肯定、有價值。

目錄 CONTENTS

[PART D]

值得省思的個案分享

我把諮商過程中，經常出現的類似個案統整，並將我曾給予的建議與協助文字化，或許可以作為父母的參考，為身處教養困惑中的讀者們，開闢一條更為平坦的道路。

PART A

教養的哲學

「哲學」一詞在西方是指藉人的理智，探討萬事萬物最高原理之學問。在東方，除了上述意義，還包括如何透過實踐去實現。教養兒女的過程也是一門哲學，得倚靠父母智慧去探究與實踐。

父母管教子女的方式，多根源於父母的深層性格。只是，時代在變，父母教養觀也要隨著時代潮流不斷調整才「行的通」。

帶孩子，就像帶兵一樣。父母就像長官，既然是長官，就要有主見，要有堅持與原則，不能過度順從士兵的想法。完全民主的教養模式，絕對不是王道！

父母愛孩子理所當然，但是要以智慧為依歸，沒有智慧的愛就是害。如何帶？如何愛？如何是害？正是我想要繼續說下去的。

01

教養的「基本原則」是什麼？

「要求」品行，「激勵」學習

如果要濃縮成一句話，講出父母在教養上最該掌握的原則，我的建議就是——「要求品行，激勵學習」。「**要求**」意味著父母要孩子無條件做到，要是做不到，就加以懲罰。而「**激勵**」則是父母不要求孩子，但孩子做到了，就要給予優渥的獎勵。

為什麼要針對「品行」跟「學習」，設立不同的標準呢？聽了我的分析，就會知道這樣子區分，是很有道理的。

「品行」上的要求，攸關孩子人格發展。

一個品格不好的孩子，即使非常的聰明，以後也難以適應社會。因此，在品行上，父母可以要求孩子「必須做到」。

為什麼關於品行的要求，孩子做不到就要懲罰？理由是，在品行上若採用「獎勵」方式，很容易帶來一個規則上的漏洞。例如，你獎勵孩子要誠實，不能說謊。這沒問題。但是，如果他有一天發脾氣、破壞家中物品，是不是要訂立個規則——「如果不破壞物品，就可以得到獎勵」？如果他會任意拿錢，是不是要訂立個規則——「如果不任意拿錢，就可以得到獎勵」？畢竟，可以做的「壞事」太多了，針對每一個「不做壞事」的行為，都要獎勵的話，那就真的獎勵不完了。父母沒有那麼多錢。因此，不能夠在品行方面採用「獎勵模式」來導正。

不過，這個原則是有例外的。因為，品行相關要求，也有分輕重。像不偷竊、誠實、尊重他人，這些是很重要的。如果孩子做不到，可以動用懲罰，逼著孩子做到。

換成是一些較輕微的品行問題，例如，不願意分享、會插嘴、做事魯莽等，這些事情，孩子如果做不到，似乎沒那麼嚴重。可是，有這類「小問題」的孩子還真的不少。

我建議，這時父母的教養可以寬鬆一點。針對輕微的品行問題，不妨採取「獎勵方式」來矯正。

例如，當孩子很小氣，不願分享，你就說：如果願意分享，就給加倍獎勵。當孩子能安靜地聽人把話講完，就給獎金10塊。當孩子謹慎耐心地做完一件事情，就給獎金30塊。

獎勵「正向行為」（如分享），相對應的「負向行為」（如小氣）就會被壓抑。這類品行小問題，以「獎勵」為原則，是可行的。

不是「品行」，而是與「學習」相關的，動用懲罰就不適當了。父母要知道，**孩子「對某些事物的學習不感興趣」這件事，對未來的社會適應，影響沒有那麼大。**畢竟，不喜歡學這個，就學別的，行行出狀元。再者，孩子不想學，有時真的是課程不有趣，硬是要逼孩子學習，也真的是太勉強他了。

因此，如果孩子不想學，父母先用優渥的獎勵，吸引他學習。一旦祭出優渥獎勵，孩子還是不想學，那就算了。

父母千萬要小心的是——用「懲罰」的手段去逼迫孩子學習，常常會加深孩子對課程的厭惡感。

雖然，區分了「品行」與「學習」，但兩者間還有些模糊地帶。有些事似乎是「品行」，卻又像是「學習」。例如，做家事。

高標準的父母認為，做家事是一種品行，這代表對家庭的付出與向心力。因此，他們習慣用「懲罰」，來逼迫孩子要做家事。

寬鬆一點的父母則認為，人的天性總是喜歡閒散，不喜歡勞動的。孩子懶惰，似乎跟品行沒有那麼大的相關性。因此，他們偏向用「獎勵」的手段，讓孩子願意去做家事。

而我個人的看法是，用「獎勵」來吸引孩子做家事，是比較合乎現代潮流的。在現代的社會中，孩子早就不是傳統社會的那種小孩。現代的孩子有著非常新非常新的價值觀，即使父母能講出一番大道理，他們能聽進去的，還是很有限。

「一個媽媽要懲罰孩子，理由只是因為他不做家事。」現代人聽了，大概都會覺得太小題大作了。但是，若回到三、四十年前，這樣的要求似乎蠻合情理的。由此可知，**父母的教養觀念，也要隨著時代潮流不斷調整才行啊！**

02

高要求，能帶來「高成就」？

高要求，容易加深孩子的挫折感

科技愈是拉近全世界的距離，下一世代的競爭，就會愈激烈。要在未來擁有一份工作，所需的知識與技能，遠遠超越父母這一代。所以，父母拚命讓孩子補習、學才藝……，希望贏在起跑點。

在電視上，我也看過不少例子。有些孩子因為父母從小的培養，長大後擁有卓越的成就。這些所謂的「成功案例」，促使更多父母，盡力幫孩子「填滿課程」。

父母大概是這樣想：

進，也許孩子會很有成就。

退，至少孩子會有一份工作。

這樣的想法看似合理。但從學習的心理學來看，卻是錯的。

學習讓人的心智成長，就像食物讓人的身體長大一樣。吃東西，是吃最營養的食物，就能帶來最大的效益嗎？

不對。什麼階段吃什麼食物，有時清淡，有時豐盛，需要常常變化，讓味覺保有新鮮感。如此，才會胃口大開。

身體是這樣子，心靈何嘗不是呢？

現代父母期望孩子專攻某些特別有前景的技能，天天學。即使不想學，也要勉強學。這樣孩子會學的好嗎？

我看到的是，許多孩子的學習成果普普通通，卻付出了更大的代價——他們變得「討厭學習」。

當然，會不會有些孩子恰好喜歡這些課程，得到很好的成果呢？有，但這真的鑾罕見的。只是這些少數的案例，會抓住我們的目光，讓我們誤以為，孩子就是要這樣子培養，才會成功。

高要求，容易讓孩子產生挫折感。父母的過度要求讓孩子不斷鞭策自己，整天惶惶不安。這些孩子長大後，成就會不會比較好？我不知道。但我可以確定的是，他們通常比較不快樂。

二〇一五年，臺灣幾位科技公司高階主管自殺，真讓人感嘆。那麼聰明的人，辛勤工作一、二十年，賺到錢，贏得地位，卻不快樂到要結束生命。這是父母對孩子有高要求時，得慎重估算的風險。

父母在「品格」層面可以給予高要求，但在「學習」層面，則應該盡量放鬆。給孩子空間，不要限制。課業上，符合基本要求就可以了。如果發覺孩子真的很喜歡某些活動，可以在他同意之下，幫忙找一些課程。除此之外，就讓孩子順著興趣去發展。

期待孩子有競爭力，好在未來世代生存，這可以理解。不過，外在的成就可遇不可求，自由與快樂才是自己可以掌握的。父母迷失在盲目的競爭中，恐怕讓孩子跟著迷失。生命是一場豐富的旅程，不是為了建立不朽的事業。人生無法不朽，旅程才是真實。

03

好，還要更好。其實不太好？

單純讚美，讓孩子相信自我價值

在競爭環境下長大的孩子，通常喜歡跟人比較。即使他們已經獲得很多的成就，總是覺得不夠好、不滿足。我認為，這跟父母的教養方式，是很有關係的。

有些父母會為孩子設立高標準，以此鞭策孩子。例如，要求考試成績。孩子未達標準，父母說「這次考不好，下次要加油」；當孩子達成標準，又說「這次不錯，但你的實力可以考得更好」。

不管孩子有沒有達成目標，父母傳達的訊息，傳到孩子的耳裡，總是「還不夠好，要繼續努力，再加油」。在這些指令之下，創造了一批永不滿足的成年人。

在某個層面來說，不滿足於現狀、追求進步是好的，但這應該是建基於「自信」，而非「自卑」之上。如果一個「不滿現狀、追求進步」的人，常常處在低自尊的狀態，周遭的人卻一直要他進步，他的人格很容易被扭曲。這就不對了。

理想的狀況是——**當孩子表現好時，父母應該給他單純的讚美，也就是不另帶意圖的誇獎**。像是「嗯，這次你達成目標了，做得很好喔。我們一起好好慶祝吧」。而不是「你這次是考的是不錯啦！『但是』以你的實力，可以表現得更好。下次要加油」。

單純的讚美可以讓孩子感覺到，「對於我的成績，爸媽已經很滿意了，我可以稍微休息一下」，這能有效消除孩子的焦慮。加上「但是」的讚美，則是持續給孩子壓力，讓孩子無法放鬆。

父母應該要設立一個「適切的目標」。孩子達成了，就給予單純的讚美和鼓勵。達不成，就要協助孩子探討原因。若已經幾次努力，都達不成目標，親子就要一起討論目標是否合理。

要知道，過度追求卓越的人是很辛苦的，他們似乎找不到家，總是連夜在趕路。即使達成了原本設定的目標，馬上又被一種不滿足感給占據，時時刻刻都處於無法鬆懈的狀態。

在一個理想的社會，每個人都可以適度發揮能力，不過度勉強自己。**成就雖然有高低之分，但是人的價值則沒有差異。**

如果父母能用這樣的價值觀對待孩子，孩子會更懂得欣賞自己的獨特，他會知道自己是一個有價值的人。當他們做得好的時候，可以告訴自己：「我做得很好，可以休息一下了！」

04

完善規畫，孩子贏在起跑點？

盡情的玩，才是最好的潛能開發

許多父母都希望，孩子能像大人一樣專注的學習。每天練琴、背英文、算數學……。這樣的規畫，實在是違反孩子的本性。**孩子的心靈充滿好奇，對許多事物都覺得有趣。**現在喜歡這個，隔幾天喜歡別的。興趣不斷地變換，這才像孩子。這樣子，也沒什麼不好呀！

不過，以大人的框架來看，可能會覺得孩子的心性不定，所做的事都是在浪費時間。這個觀念是不對的。

大人不了解，孩子的任務跟大人們不同。大人的任務是工作、養家，那些的確都需要專注。不過，孩子的任務則是──「盡情的玩」。**玩，盡興就好，不需要存在特別的目的。**

父母若不要限制，孩子每天都可以找到有趣的事物來「玩」。扮家家酒、打球、畫圖、栽種植物、拆解東西、組裝東西……。這些在大人眼裡浪費時間的活動，事實上，對孩子的智能發展，很有幫助。因為孩子感興趣的活動，將促使他們「專注」地去執行。

從中，他可以學到做事方法，了解事物運作的原理。**讓孩子盡情的玩，是最好的潛能開發。**

12歲以前，除了完成學校交代的功課外，其他時間應該盡量讓孩子玩。只有一個例外，那就是要管制使用電視、電腦、手機……。因為，這些「東西」提供了強烈的刺激，卻沒什麼營養，它還會讓孩子的思考能力萎縮，情緒也變得暴躁。

很多父母希望孩子從小就要學才藝。要求孩子，每天都練習。孩子本來是不討厭那些活動的，但天天都要練習，則耗盡了他們的興趣。**當孩子失去興趣，就很難在該領域成功了。**

行行出狀元。**孩子自由的探索，總會找到自己喜愛的事物。**當他年紀漸長，智力更成熟，對於喜愛的事物，就會投入學習。專業能力的培養，只要有興趣，並認真的學，一定跟得上。

早一點起步，真的更有成就嗎？我挺質疑這一點的。

我見過很多從小就被「規畫好」的孩子，按部就班的長大。到了三、四十歲，工作多年之後，才猛然發現，自己一點都不喜歡所處的工作與生活。等到那時，人生都已經過一半了。

05

會「叛逆」是因為人性本惡？

叛逆是孩子肯定自我的合理過程

孩子2歲時，會特別的叛逆，心理學上稱為——「可怕的2歲（terrible two）」。這階段的孩子，你要他做什麼，他就偏不做。叮嚀不能做的，他又故意去做。總惹得父母動手修理，孩子才會聽話。但多數父母處罰後，又覺得相當不捨。有時也會感嘆：「**難道真的是『人性本惡』嗎？好好講沒用，要處罰才行？**」

我認為，不是這樣子的。孩子的叛逆，有其正面的原因。

孩子叛逆是因為想發展「自我意志」。他要那樣洗臉這樣刷牙，當父母干涉，孩子生氣拒絕。當父母要幫忙，孩子不喜歡。這是孩子在追求「自我肯定」的嘗試。孩子雖小，也想證明「自己是有能力的」，也想照自己想法做看看。有這種意圖的孩子，是健康的。

面對孩子的叛逆，父母約束太多或太少都不適合。過度壓抑，會讓孩子缺乏自信，什麼都不敢嘗試。過度放任，孩子行為又會失控。其中的衝突，就像一場永不停止的戰爭，父母跟孩子都在學習適應彼此。但這種衝突是正面的，父母應該要約束孩子，而孩子也應該追求自我。這是成長的必經歷程。

推而廣之，孩子跟父母的衝突僅止於2歲階段嗎？不。這場拉鋸戰，會一直延伸到孩子成年。**孩子從小到大，一直在發展自我意志，而父母則一直在保護約束。這個歷程會到孩子離家才結束。**

06

問題小孩源自「問題教養」？

孩子有狀況，父母要先反思

當孩子有行為問題，父母尋求協助時，常會問：

「我的孩子是怎麼了？為什麼他會變成這個樣子？」

我不直接反駁父母的問題。但心裡總是想：

「問題大多不在孩子，而是在父母。」

為什麼我會有這樣的想法？我想，過去我在監獄裡的輔導經驗，是非常重要的因素。

我曾去監獄裡輔導受刑人半年多，對於監獄，有一個很深刻的印象。監獄裡秩序井然，受刑人都依照指令在活動。整個監所工作人員，最多不過二、三十人，受刑人則高達一千人。這些受刑人往往是社會上最衝動、邊緣的一群，在這裡，他們卻能像訓練有術的軍人一樣，有秩序地活動。看到那個畫面，我內心的驚訝難以言喻。

我忍不住想：「如果這群最衝動、暴力的成人，都能如此被管理，為什麼還會有父母說，他們管不住5歲的小孩呢？」

深思之後，我才了解。也許有問題的，並不是「孩子」，而是「父母」。如果孩子行為失控，大概是父母管教出了問題。

哪一些管教問題，經常會發生？例如，過度寵愛、忽略、父母的教養態度不一致、過度威權、過度干涉……。

父母很難看到自己的問題。**因為管教子女的方式，常根源於父母自身的深層性格**。像過度焦慮的母親，會過度保護；缺乏自信的父母，就顯得沒有原則；強勢的父親，很難給孩子自由空間……。

因此，**當孩子的行為出問題，父母應該要先反思——**

「『我』是不是存在某些深層的心理問題，等待解決？這些問題，是否嚴重地左右著我的教養方式？」

我舉個例子來說，會比較清楚。

有一個媽媽懷第一胎時，不幸流產了。這件事讓她深受打擊，難過很久。兩年後，她生下了一個男寶寶。孩子很健康，但是，這位媽媽失去孩子的陰影還存在著。於是，孩子出生後，她每天都擔心著他的安全。可以想見這位媽媽盡其所能地保護、寵愛這個孩子。

這樣的教養方式，讓這孩子5歲開始，就常發脾氣，且蠻橫對待所有人。上學之後，沒有同學喜歡他。這孩子的問題怎麼來的？百分之百根源於媽媽的過度寵愛。

還好，這位媽媽後來意識到自己的問題，改變了教養方式。而當她改變之後，孩子原有的行為問題，幾週內就大量消失。

我知道孩子天生個性就有所差異。有的強悍，有的軟弱。有的活潑，有的內向。但我還是堅持，**只要父母的管教方式正確，孩子的行為一定會上軌道，不論他天生的傾向如何。**

為什麼我會這麼確定？

還是回到前面的那個邏輯。如果社會上最衝動、暴力的成人都可以被管理得好，怎麼可能沒辦法管好孩子呢？

07

「民主教育」才是教養王道？

兒童更適合「權威式領導」

崇尚民主教育的父母，主張事情要跟孩子「好好講」。不過，他們也常會發現——**「民主教育很累」，因為孩子總是講不聽。**

不少兒童就像是貪求無度的生意人，重複地索取他要的東西。不管你說什麼，他都有辦法反駁。而且，他也永遠不會滿足，你讓步愈多，他往往就要得更多。

相反的，有些父母偏向「權威式領導」，對孩子有點嚴厲，會堅定地跟孩子說「不」。堅持自己的原則，孩子反而好帶。

上述迥異的結果，是相當合理的。**以兒童的心智狀態而言，「權威式領導」遠比「民主教育」來得適合。**

年紀小的孩子，對事物缺乏判斷力，自然無法做出適當的行為。這時，直接告訴孩子怎麼做，孩子會迅速接受。長篇大論的道理，他不但不懂，還會覺得生氣。

孩子可能會一直要糖吃、要買玩具、搶別人東西、發脾氣……，因為他缺乏生活經驗，無法理解這些事情是錯的。

這時候，如果父母始終堅持「民主教育」，堅持跟孩子要「講道理」的話，事情就會變得很麻煩。畢竟，孩子年紀小、生活經驗少，很難理解父母的觀點。

若孩子過往都不曾有蛀牙的經驗，如何理解「蛀牙」的嚴重性？若你光說「亂買玩具很浪費錢」，他怎麼知道金錢可貴？

更複雜的問題是，許多事情很難有對錯之分，父母搞不好連說服孩子的立場都沒有。像是「買玩具」有何對錯？父母可能說「你的玩具已經很多了」「我們沒有錢啊」「這個玩具又不好」等，但孩子也能說「我就是要啊」「我們有錢」「這個玩具好」等。

這樣一來，父母要如何說服孩子？很難。

畢竟，喜好本來就是主觀感受。喜歡就是喜歡，想要就是想要，不需要理由。因此，遇到這類問題，講道理是行不通的，堅定且迅速的跟孩子說「不」，反而會讓孩子穩定下來。

父母若一直解釋，跟孩子爭辯，反而讓孩子更生氣，因為他會覺得——「明明可以買，父母卻故意不買」。

當下父母若堅定地說：「你的玩具已經很多了，『不能』再買了」，孩子反而很快就會安定下來。

為什麼以堅定的態度跟孩子說「不」時，反而能夠讓孩子情緒平穩呢？這是因為孩子感受到你正在「領導」他。

一旦給了孩子具體指令，他就能迅速地接受。

帶孩子，就像帶兵一樣，長官一定要有自己的主見、原則，最重要的是堅持，千萬不能過度順從士兵的想法。

當士兵問「為什麼我不能打架」時，你可以解釋「因為這樣子會受傷」「你的母親會很傷心」「你會受軍法處罰」等。

不過，你認真解釋，士兵的感覺反而是「聽不下去」。因為，他並沒有感覺到你在領導他。士兵的行為可能會更失控。

相反的，若你直接表明「不能打架，就是不能打架，這是我的規則。你若是違反，我就要處罰」。這樣士兵反而安定。

「權威式領導」適用於幼兒及兒童階段。愈接近青少年時期，父母就要逐漸少用。隨著孩子長大，父母要開始跟孩子講道理。這時候，孩子思考成熟，有生活經驗，道理也講得通了。

等到孩子成年，判斷力更成熟，「權威式領導」就完全過時。要跟孩子溝通，「講道理」就是唯一的方式了。

08

孩子有時講得通有時講不通？

教養三階段：簡單說、用權威、輕責打

我遇過一位媽媽，她每天最頭痛的問題，就是要幫2歲大的小小孩潔牙。只是孩子好動，媽媽要幫他潔牙，就跑給人追。勉強抓住，他就只是笑著猛搖頭，不肯張開嘴巴。簡簡單單一分鐘就能完成的潔牙工作，往往要花上十幾分鐘，讓媽媽覺得疲憊。

當孩子不願意乖乖潔牙的時候，這位媽媽很有耐心，她總會開始細數不潔牙的壞處，好言相勸，連哄帶騙。

「不刷牙，牙齒會長蟲蟲喔」「不刷牙，會蛀牙」「不刷牙，牙齒會很醜，姐姐就不喜歡你」「乖，一下下就好」「來張開嘴巴就好，好乖喔」……，有時孩子心情好，不一會兒就乖乖配合。但更多時候，是掙扎著想跑掉。每天晚上的潔牙工作，都是一場硬仗。

仔細分析這孩子的行為，他並非厭惡潔牙，因為他心情好時，是很輕鬆完成的。這孩子之所以抗拒，是因為他喜歡跟媽媽作對的那種感覺。當他作對的時候，媽媽就會好言相勸，逗他笑，大聲地說「你很棒」。這些互動對孩子來說，是很有趣的。

相對的，如果他乖乖聽話，整件事一分鐘就結束了，過程也很無聊。試想，孩子會喜歡哪種潔牙的過程呢？

這位媽媽跟孩子解釋很多，我認為是犯了一個明顯的錯誤——「高估了孩子的理解力」。媽媽試圖闡述「不刷牙」的後果：牙齒會長蟲蟲、以後會蛀牙、牙齒會很醜……。

不過，2歲的孩子能理解嗎？當然不可能。理由很簡單：❶牙齒長蟲蟲這件事，從來沒發生，孩子如何理解？❷就算孩子牙齒真的長蟲蟲，他能夠了解是「因為不刷牙，所以長蟲蟲」嗎？

對一個2歲的孩子來說，他們不會明白這些事的關聯性。

孩子不肯刷牙，是一個一定要解決的問題。別無捷徑，就是要想辦法讓孩子知道——「刷牙，是一定要做的事」。

父母應該要堅持原則，要求孩子配合潔牙，不需要講太多的道理。當然，說是這麼說，實際執行並沒有這麼簡單。

如果孩子還是不願意配合的話，該怎麼辦才好？

這時候，父母逼不得已，必然要使用權威來威嚇孩子。屢勸不聽的話，就給予輕微的責打。執行數次後，孩子就會配合了。

09

親子之間最好保有「界限」？

溺愛讓孩子遺失面對問題的能力

許多父母對孩子的愛是毫無保留的。

他們給孩子最好的享受，為他們去除各種困難。不過，這種過度保護，到頭來卻害了孩子。**不少被過度保護的孩子，挫折忍受力低、霸道、任性，根本無法適應社會生活。**為了孩子好，父母保有適度的界限（boundary）是比較好的做法。

那麼，什麼是彼此的「界限」呢？「界限」就是——你是你，我**是我，我們雖然是父（母）子，但是並不屬於同一個個體。**

保有界限的父母，通常會明白地讓孩子知道：父母的錢，並不等於他的錢。雖然願意給予孩子一些基本的花費，但是，如果要有更好的享受，孩子必須自己去努力。這樣的父母僅在某些事情上，會幫助孩子，若事情不嚴重，便會鼓勵孩子自己去面對。

沒有界限的父母則不是這樣。他們通常會認為「孩子就是他的一切」。孩子遭遇到的困難，就是父母的困難，為了孩子，什麼錢都可以花，什麼問題都要幫他解決。

試問，哪一種教養方式，可以培養出獨立自主的孩子呢？

答案非常明顯。後者的教養方式過度溺愛，反而讓孩子面對問題的能力漸漸萎縮，甚至不見。

表面上看來，有界限的父母，似乎顯得無情。但是仔細想一想，這種教養方式，才是正確的。

父母得透過這樣的教育，讓孩子深刻地了解，天底下沒有不勞而獲的事。也讓孩子知道，當遇到困難的時候，父母會幫他。父母刻意不幫，則是相信他有能力自己解決。

NOTE

善用獎懲 Tips

孩子表現良好時，給予單純的讚美，可以讓他知道自己的價值。

10

到底是愛孩子，還是害孩子？

沒有智慧的愛，其實是一種傷害

父母對孩子百般呵護，最好的東西都留給他。沒想到孩子長大後驕縱任性，無法在社會上生存，對長輩缺乏孝敬心……。這些現象恰好印證古人講的一句話：「愛之適足以害之」。白話地說，就是愛護一個人，到最後反而害了他。

哪一種教養方式會害了孩子？萬惡之首，應該就是「溺愛」。

溺愛就是：孩子要什麼，父母都會給他。

孩子小的時候，要什麼玩具就有什麼玩具，想吃什麼就有什麼。孩子長大後，可以出國玩、買名牌衣服、跑車。沒錢了，只要開口就有。這就是一種溺愛。

溺愛孩子的父母，往往都有一個想法——「我們過去太苦了，現在有能力的話，為什麼不讓孩子多享受一點呢」。這個想法是合理的，只不過應該要有個限度，否則到頭來只會害了孩子。

孩子小時候，給他太多東西，必然會讓孩子產生一個觀念——「不管我要什麼，我的爸媽都會無條件的給我」。這個想法同時會讓孩子產生一種錯覺「什麼東西我都可以輕易得到」。

當孩子漸漸長大，父母還是這樣順著孩子的話，負面影響就更大了。首先，孩子會喪失勤奮的精神。理由很簡單，他想要的東西都有了，何必要辛苦地爭取或工作呢？

被溺愛的孩子，會變得任性又好高騖遠，難以適應社會。當父母一直提供他金錢，他只會學到更多花錢的方式。因為從來不了解賺錢的辛苦，花錢也不會有節制。直到最後，拖垮一家經濟。

那要怎麼避免如此可怕的狀況發生呢？

千萬要記住，提供子女的支持（尤其是物質）要有限度，對於他們提出的期待，也不要完全都滿足。

在某些事情上，父母可以要求孩子，付出心力才能得到報酬。在某些事情上，父母堅持不給，讓孩子自己去奮鬥。

秉持有原則的教養模式，可以激發出孩子向上的動機，也能幫孩子培養面對挫折的能力。

許多父母的內心常會出現一種感覺：

「既然我負擔得起，為什麼不給孩子呢？」

當父母有這種感覺，有這股想要寵孩子的衝動時，不妨先反問自己「這麼做到底是為他好，還是害了他」。

我相信，每一位父母都是愛子女的。但是，**愛應該要以智慧為依歸，沒有智慧的愛就是一種傷害。**

11

孩子的IQ與EQ哪個比較重要？

EQ的好與壞，關乎孩子未來成敗

智商（IQ）與情緒智商（EQ）是很不相同的。

智商指的是一個人思考、推理、記憶、解決問題的能力，通常跟一個人的學習能力有關係。至於，情緒智商則是指一個人掌握自己情緒、了解他人情緒，及對於人際問題的處理能力。

智商（IQ）與情緒智商（EQ）不只定義大不同，在每個人身上的分配比例，也差異很大。

有可能一個高IQ的人，EQ分數很低。相反的，也有可能一個EQ高的人，他的IQ表現並不是很好。

我們很容易了解一個低EQ高IQ的人。他們多半學業頂尖，但是人緣很差。因為他們總是固執在自己的想法裡，不太理會別人的感受，所以他們的生活顯得相當孤獨。

我們也很容易了解一個高EQ普通IQ的人。他們通常學業表現不理想，但是人緣很好。他們可以去理解別人的感受，適切地跟人互動。

EQ跟IQ的提升，都需要一個漫長的學習過程，只是，現在的社會極度重視IQ教育，卻輕忽了EQ的養成。

我們的孩子用了大部分時間學習數學、英語、電腦……。相反的，卻很少聽到孩子在學習如何與同儕相處、如何面對挫折、如何理解自己與他人……。長久下來，社會上IQ好EQ差的人，一直增加。

EQ跟IQ的學習，在困難度上，很難分出高下。想要準確的掌握人際法則，其難度可能跟學習數學差不多。因為每個人擁有不同的個性，加上每個時刻的生活事件都不一樣，要從繁雜的人際互動中，找出規則來，並不簡單。一個人若要改善人際關係，一定要像學數學一樣，投入心力去做，才有可能成功。

EQ好的人在社會上非常占優勢。他們總是情緒穩定、給人愉快感覺，很多人願意給予幫助。即使他們能力不強，還是能把事情做好。

EQ不好的人，在社會上很吃虧。因為他們的情緒波動大、容易樹敵，即使能力不錯，在團隊中的表現卻不好。EQ的高低實在是一個人成敗的關鍵。只可惜，我們的教育一直不重視它。

12

孩子的EQ怎麼教都教不好嗎？

紮實付出心力，才能提升孩子EQ

EQ較差者在人群中常被排斥，人們也會用「白目」「擺爛」等詞語，來形容這群人。我們大多認為，這群人是可以自我控制，不要總是那麼白目擺爛的。**事實上，提升EQ真的沒那麼容易。**

我舉個例子來說明，就會更清楚了。

宗翰是一個被公認EQ很差的人。有一天，宗翰過生日，小玲特地挑了一本書送他，當作生日禮物。

「哎唷！怎麼會這樣，這本書我已經有了呀！妳就留著自己看吧！」宗翰一看到，就驚呼地說。邊說邊把書退回小玲。

宗翰的反應就理性層面來說很合理，因為多一本相同的書，對宗翰沒有用，倒不如還給小玲。但就人際相處而言，宗翰錯得離譜。

小玲好心準備禮物，宗翰不但沒感謝，還嫌棄地要退回。不管小玲的修養怎麼好，她的感覺也會很糟。

比較適切的反應，應該是要高興收下這本書（即使知道應該用不到），然後向小玲表達感謝。如果要更圓融一點，宗翰可以這麼說「我覺得這個作者書寫的很好，我蠻喜歡他的，真的謝謝你」。這種反應方式，就會讓小玲感覺好多了。

說起來不難，但要EQ差的人這麼做，很不容易！

這得從心理層面的運作來了解。宗翰看到小玲要送禮物，因此，他想到：如果表現出不喜歡的樣子，小玲會很難堪。所以，他提醒自己「不管收到什麼，都要表現得很高興」。

當小玲送出的禮物，宗翰不喜歡時，他需要克制自己內心的真實感受，表現出另一種截然不同的反應。這很簡單嗎？不。這些都是高層智力的運作。智能不好的人，是做不出來的。

工作上，我會看到一些長期人際關係不好的人。**有些人EQ不好，跟腦部發育有關**。他們可能嚴重到一種疑似終生都不容易改善的程度。當然，EQ不好的這群人裡，也有不少潛能正常的人，是有辦法透過學習，慢慢改善的。不過，這也要等到他們體悟到問題，下定決心想要改變才有可能。

或許有些人會認為，重視人際技巧是一種虛偽的表現，因為要表現出偽裝的感覺。但我並不是這麼想。

現代的人際相處複雜且頻繁，這些社交技巧會讓人與人之間的相處有了潤滑。這些無傷大雅的偽裝，並不是欺騙。赤裸裸地呈現自己的感覺，毫不掩飾，反而會造成別人的傷害。

試想，如果你送禮物給某人，你希望對方說「喔，這個東西我用不到，你留著用吧」，或是「謝謝你，這禮物太棒了」呢？

EQ確實牽動著人際關係。**EQ不好的孩子人際關係通常不太好，可能沒朋友、被討厭、被排擠。父母想協助孩子，得紮紮實實地付出時間與心力。**EQ是很複雜的能力，若父母預期跟孩子講些道理，偶爾關心一下，孩子的人際關係就會改善，那就太輕乎問題了。

13

擁有比人多，卻不一定快樂？

教孩子分享，他的人際關係會更好

我曾經看一個探討黑猩猩行為的科學節目。

科學家觀察到黑猩猩也會有自私或分享的行為。從觀察中可以發現，當科學家將點心放進園區時，大部分的黑猩猩都會跟同伴分享，僅有少數幾隻黑猩猩會獨占，不讓其他猩猩接近。

科學家供應的點心量其實很多，足夠讓每隻猩猩都吃得到。換言之，獨占點心的猩猩，根本吃不下那麼多。牠只是自私地想獨占。

經過長期觀察之後，出現了一個有趣的現象，這幾隻習慣獨占的黑猩猩，開始嘗到自私的惡果。因為牠們並不是每次都搶到點心。有的時候，點心被別的猩猩占住了。而當牠們想要靠近的時候，拿到點心的猩猩們，會排斥牠們的接近。不過，當其他過去有分享行為的猩猩接近時，這群猩猩卻願意與牠們分享點心。

過程中，科學家看到這樣的行為模式重覆且穩定地出現，因此，他們認定這是黑猩猩在學習社會化的過程。這幾隻自私的黑猩猩，如果不願意改變，就要常常面臨肚子餓的困境。

這樣的猩猩世界，何嘗不是人類社會的縮影——

自私的行為，引來眾人排斥，助人的行為，得到他人的幫助。

例如，某甲常常找他人幫忙，但是當別人有事拜託他的時候，他卻藉故推託。類似這種自私行為，最終結果就是讓大家都排斥他。再例如，某乙總是熱心助人，有時候，即使別人沒有說出口，他也主動幫忙。當某乙遇到困難、需要幫助的時候，自然就會有很多的人伸出援手。這類現象，非常普遍。

在工作上，我的經驗也是如此。

人際關係不好的人，普遍存在的性格特質，就是「自私」。他們也許天生就自私，也許是被人傷害過，因此變的自私。不管如何，自私的行為，讓他們的人際關係愈來愈差。

相反的，人際關係好的人，幾乎都有一個共同的特質——他們總是熱心助人、願意跟別人分享。這樣的特質，使得他們一直被喜愛。

為什麼「學會分享」，對孩子來說很重要呢？

因為不願意分享的孩子，人際關係就不會好。人際關係不好，就很難快樂。即使擁有很多東西，還是一樣不快樂。

14

自私的天性，可以後天矯正？

透過獎勵，讓自私的孩子願意分享

「自私」是一個父母容易忽略的品行問題。相較於「暴力」「偷竊」「說謊」等行為，「自私」似乎不是那麼嚴重。一個孩子比較自私，不願意把東西分給別人，大人通常理解為正常的。畢竟，人性的確是自私的，孩子會「捨不得」分享，這也沒什麼錯。

但隨著孩子的年齡增長，「自私」往往會對他們日後的人際關係造成影響。為什麼會這樣子呢？

因為人在年紀小的時候，對於彼此個性的缺點，大多沒有什麼特別感受。偶爾討厭一個人，過幾天就忘記了。

當孩子上了國中，對於人際之間相處有更多的經驗，也更容易形成對人的成見。這時，一個自私的孩子就很容易遭受排斥。因此，**人緣好的孩子大多是友善、樂於分享的，人緣差的孩子，大多是自私、不顧慮別人感受的。**

對於「自私」的問題，父母應該要「獎勵」，還是「懲罰」？我的看法是，應該是以「獎勵」為主。例如，孩子不願意分享玩具。父母可以說，如果願意分享，就給他兩倍的禮物。這就是獎勵。

有時覺得孩子真的太自私了，父母會說：「這玩具是我買的，如果你不願意分享，我以後就不買給你了。」

這樣講當然可以，也是一種方式。但是，顯得有點太嚴格了。畢竟，自私是一種本能。以「獎勵」為主的引導方式，父母傳遞給孩子的訊息是，「我可以理解你的自私行為，但是如果你願意分享，我會給你更優渥的獎勵喔」。

有人可能會問，「透過『獎勵』來塑造孩子的行為」，這不就是讓孩子因為「外在的力量」，而修正行為嗎？如果有一天，外在的力量不見了，孩子會不會被打回原形啊？

這樣的擔心，乍看之下非常合理，但卻是不必要的。

主要原因是，**當孩子的正向行為出現，他必然會從環境中，得到許多力量，來強化這個正向行為。**

例如，一開始孩子確實是因為父母的獎勵而分享，但隨後他的朋友喜歡他、大人讚美他……，這些反應，都會強化他的分享行為。久而久之，「分享」就會變成他性格特質的一部分。

如果不藉助獎勵，單純想靠「講道理」矯正孩子的行為，常常都是講不通的。我在工作上，看到許多父母都面臨到這個問題。

不管父母道理講的多清楚、口才多好，孩子依舊自私。為什麼？很重要的──「自私」是一種本能，本能的行為是很難矯正的。用重賞嚴懲來塑造，效果可能不錯。但靠講道理，大概是沒用的。

15

智力測驗測的是「假智力」？

生活問題測到的才是「真智力」

如何才能夠知道孩子的「智力」好不好呢？在精神醫學領域，做一次「智力測驗」，算出「智商」就知道了。

智力測驗的平均數為100分，標準差為15分。一個得分115分的人，大概是贏過84%的同齡者；得分85分的人，就只贏過16%的同齡者。測驗的分數愈高，贏的人愈多。

但智力測驗真能完整評估一個人的智力嗎？我認為是不行的。

要討論「智力」之前，應該要先做一個觀念釐清——我們所重視的智力，到底是「真智力」，還是「假智力」呢？

如果有一個人書讀得很多，考試成績很好，但是現實生活的能力差。我們需要這種「假智力」嗎？顯然不要。

「真智力」應該可以讓一個人的生活適應良好。不過，很可惜的是，這樣的能力，智力測驗根本測不到。因為現實生活中的問題，與智力測驗的問題，有著本質上的差異。

智力測驗通常有固定的答案。例如，心算題——

「小明打工貼海報，貼一份可以賺3元。某天，小明賺了120元。請問：他一共貼了幾份海報？」

只要了解題意，又會除法，就能得分了。因此不難。

又例如，語文題——

「《紅樓夢》的作者是誰？」

這只要背過，就能知道答案。這也不難。

比起智力測驗的問題，現實生活中的問題，可就難多了。

例如，「某人想要安排一個假期。該去哪邊玩？怎麼去？找誰一起去」。以上這些都沒有固定答案。但是智力高的人，卻能從各種選擇中，組合出一個最好的搭配。這就是高層智力的運用。

再舉例來說。

「某人繼承了遺產，他該存起來或投資？如果要投資，該怎麼投資？如果要存起來，又該存在什麼地方？」

這一連串的問題，都沒有固定答案，但也正是因為沒有固定的答案，才能夠考驗出一個人的真智力。

有個科學家曾說：「有固定答案的問題，通常是蠢問題。」我認同此說法。智力測驗的題目算是一種「蠢問題」，並不具太高難度。**臨床運用上，智力測驗用於評估「智能是否有障礙」，而不是評估「智能好不好」**。簡單說，智力測驗測不到真正的高層智力。

家長也許會疑惑：該如何培養孩子真正的智力、讓他們能適應社會呢？其實，我也沒有固定的答案。但可以確定的一點是，「學業成績不會是唯一的指標」。鼓勵孩子自由的思考，廣泛接觸各種事物，可能比較接近正確答案。

16

智能發展慢，是因為沒開竅？

正視，才能及早幫孩子規畫未來

智能不足指的是一種腦部發展不完全的情況，目前缺乏有效的藥物可以改善。唯有透過特殊教育或細心教導，才有機會在有限的智力潛能下，做到最大的進步。但所謂的進步其實很有限。

這樣的孩子即使到了成年，智能發展最多只能到小學六年級學生的程度。因此，**智能不足的人很難在社會上與人競爭，很難找到工作，需要持續的指導與協助，才能夠維持基本的生活。**

造成智能不足的原因很多，例如，胚胎發育的早期改變（約占30％），包括染色體變化、毒素造成胎兒傷害；懷孕及出生前後的問題（約占10％），包括早產、產程中缺氧、病毒或其他感染。其他如遺傳（約占5％）、一般性醫學狀況（約占5％）、環境影響或精神疾病（約占15～20％）都有可能。另外，還有剩下30～40％的智能不足，即使詳盡的追查，依然找不出原因。

我看過不少父母，意識到自己孩子的智能發展緩慢時，心裡面總是期待孩子只是「還沒開竅」，也許是「大隻雞慢啼」。

面對這樣「樂觀」的父母，我總是冷靜的告訴他們：「孩子的智能發展有限，應該要提早幫他規畫未來。」

我的話雖然冷冰，卻傳達給父母一個事實——**智能不足的孩子發展是很有限的，他們需要協助**。

父母若知道孩子的智能發展有限，就該知道孩子所要學的東西，與同齡的孩子是不一樣的，也知道要多給孩子鼓勵，即使他的進步只有那麼一點點。一旦設定了「合理」的期望，父母就不用再那麼挫折，孩子自然不必承受過度的壓力。

最理想的情況是，智能不足的孩子從出生到死亡，都應該得到國家的照顧。他們受到良好的保護，也有適度的挑戰讓他們學習。他們雖然能力有限，仍可在有限能力中發揮，獲得成就感與自信心。

父母應該做的是，放下跟他人比較的心。把孩子當作獨一無二的個體來看待。這些孩子的成就也許不會太好，但是他們也能快樂自信的活著。至於生存方面的問題，應該是由智力正常的人來努力生產，幫助這群智能不足的個體。這才會是一個理想社會。強扶弱、富濟貧，人人都可以安享天年。

PART B

用錢獎勵孩子，太好了?!

我看過一位H教授寫的文章，文中告誡父母「別用錢獎勵孩子」，因為一旦收回獎勵，孩子又會被打回原形。最好的方式是「曉以大義」，讓孩子打從心裡明白做某事的真正意義。

我說，講道理如果有用，哪來這麼多難教的孩子。H教授的說法太過理想化了，現實中又能找到幾個如此懂事的完美小孩呢？

孩子很聰明。當他發現父母的計畫「有甜頭」，就會心甘情願照著走。用錢獎勵孩子，不只能微調他的偏差個性或行為，又不會使他過度壓抑而反彈，也算把親子衝突的風險降到最低。

別誤會，我不是說光靠「錢」就能成功教養。要養出一個人格健全的孩子，關心是最重要的。當父母很關心孩子，很常陪伴，卻覺得孩子不太好教，金錢獎勵就派上用場了。

01

光講道理、不獎勵，孩子講得通嗎？

過度理想的模式，反讓親子更挫折

日前讀到國內心理學知名教授H女士所寫的一篇文章，主旨大概是「勸父母千萬不要用錢獎勵孩子」。對此，我深感遺憾。

這類「不要鼓勵孩子」的論點，在臺灣廣為流傳。我在工作上遇到許多父母，都服膺這個觀點，以致陷入教養的泥沼。

我所讀的這篇文章，主要的論點是說「『用錢獎勵孩子』會讓他失去做某件事的內在動機」。

H教授主張，孩子做家事、考好成績不應該獎勵，而是要讓孩子「打從心裡」看到這些事的意義。會設立如此理想境界，顯示出H教授對於「人性」的了解是不夠徹底的。

每位父母都希望孩子能自動自發地讀書、做家事、聽從父母的教誨，不需任何獎勵。這是終極理想。只是，要孩子達成如此高的目標，有可能嗎？文中，H教授並無好好說明——「如何」（how）才能讓孩子自動自發的做到這些父母的期待。

「不要獎勵，單純講道理，能讓一個人打從心裡喜歡工作。」這個觀點我第一眼看到覺得奇怪，再看一眼，還是覺得奇怪。

以職場為例，你努力工作一年，幫公司創造好的業績，而老闆只是說：「非常好，你是公司的榮耀，明年繼續加油！」

爾後每年你的業績依然領先。若幾年過去，你的薪資、職等與其他平庸員工並無差異時，你的感覺如何？老闆每年一句「你是公司的榮耀」，就會讓你「打從心裡」喜歡這間公司、這份工作嗎？

我猜，大多數人的答案是否定的，心裡肯定感到「極度不平」。久了別說要「打從心裡」喜歡，搞不好想要逃走呢！

人的感受都是一樣的，大人小孩都是。如果你家有兩個孩子，一個勤勞乖巧，另一個懶惰叛逆，兩個人得到的待遇總是相同。那麼，這個乖巧孩子會「打從心裡」喜歡自己做的事嗎？

我舉個實務上的例子來說明吧！

在某個單親家庭裡，有兩個就讀國中的男孩，媽媽秉持著「孩子得自發性地讀書、做家事」的主張。

只是這個媽媽很快就面臨了一個常見的問題，兩個孩子的個性有所差異，哥哥懶惰，弟弟勤勞。

要請哥哥做事很難，弟弟則很聽話。即使如此，媽媽依舊是奉行「不鼓勵政策」，頂多「口頭上」讚美弟弟，說他很棒。僅止於此，對於領零用錢、吃點心等，媽媽仍然一視同仁。就這樣持續好幾年。

當弟弟愈長愈大，也愈覺得「非常不公平」：

「為什麼哥哥可以坐著看電視，我卻要辛苦拖地？」

「為什麼哥哥可以打電動，我就要去讀書？」

然後，弟弟不想做家事，也不想這麼認真讀書了。當然，媽媽還是搬出那一套道理，「讀書是為了你自己啊」、「做家事是體諒媽媽的辛苦啊」。但弟弟心思早被不公平的感覺占滿，也開始叛逆。

會有如此結果，百分之百的責任在於媽媽。弟弟會產生不公平的感覺，則是相當合理的。媽媽讓勤勞孩子跟懶惰孩子享有同樣待遇，誰還要當那個辛苦付出的人呢？

曾經接觸過受挫的父母，並嘗試幫助他們的人，很快就會知道，「理想的小孩」根本不太可能出現在現實的生活中。

這些充滿說教意味的教養方式，除了讓父母與孩子更加的挫折外，幾乎不存在任何功能。

H教授說，「不要獎勵，要讓孩子看到做家事的意義」。可是，父母遇到的問題是：「孩子就是看不到做家事的意義啊！」

這才是成千上萬父母，每天都在面對的挫折。

父母好言相勸，孩子最初會幫忙，後來就不願意了。接著，他們只好改以怒罵方式，灌輸孩子罪惡感，孩子又開始做一段時間。但久了之後，孩子又不肯做了。……

也許H教授會說，「要再說服孩子，告訴他為什麼要幫忙做家事」。我說，**講道理如果那麼有用，就不會有那麼多難教的孩子了。**

02

不符現實的實驗卻被奉為教養圭臬？

理想的模式難適用於不理想的人性

一九七一年Edward Deci等人進行一個研究——「獎勵對內在動機的影響」，其所得到結果，在心理學上稱為「過度辯證效果（Over-justification effect）」。

Wikipedia（維基百科）對「過度辯證效果」定義有清楚說明：過度辯證效果指「外在的誘因」（如錢或獎品）降低一個人做事的內在動機（intrinsic motivation）。

套用在教養層面上，會發生的狀況可能是「一個孩子本來就喜歡某項活動，如畫圖，而父母為了使孩子持續進行（或畫得更好），以金錢或獎品來鼓勵，這反倒讓孩子失去最初喜歡畫圖的動機。之後，一旦抽掉獎勵，孩子也不會再喜歡畫圖了」。

當時共進行3天實驗，過程是「請受試者解謎題」。受試者隨機分兩組，一是普通組，只解謎題，全然不給獎勵。另一是獎勵組，第1天不給獎勵，第2天告知會有獎勵，第3天又變成沒獎勵。此外，實驗者刻意在實驗進行中，設計一些「休息時間」，並觀察受試者的表現。「休息時間」的行為表現，就是觀察重點。

透過實驗，Edward Deci 等人發現，獎勵組因為告知第2天有獎勵，所以「休息時間」比普通組認真許多，花較多時間在解謎題。但是第3天在得知不會有獎勵後，獎勵組在「休息時間」比普通組還懶散，根本不願意花時間解謎題。

重點來了。實驗者將這種現象做了詮釋（interpretation）：外在的金錢獎勵，會減少一個人做事情的內在動機（intrinsic motivation）。講白一點，就是當你用一些外在獎金獎品去鼓勵一個人的時候，他就不再那麼喜歡「這件事情本身」了。

這個實驗後來被其他研究心理的人重複地做，證明的確會有這種現象。所以，就開始有「過度辯證效果」這個名詞出現。

我個人認為，雖然實驗的結果與其驗證的現象都是真的，但就實用的角度來看，它仍是一個瑣碎、無用的研究。很無奈的是，這樣的實驗結果，在臺灣卻被教育專家高度引用，他們建議父母：

「別獎勵孩子本來喜歡的事，否則孩子就不喜歡做那事了。」
「父母不可能一直都在獎勵孩子啊！」
「不要獎勵孩子，要讓孩子喜歡這件事情本身。」……

最常被談論到的例子是「讀書」。專家說：「用獎金或獎品鼓勵孩子讀書，他可能有動機讀書。可是未來呢？他讀大學時，你的獎勵還能滿足他嗎？那時，他不就完全不讀書了？」

為什麼我認為這個研究結果是瑣碎無用的呢？試想，一個人做某件事的頻率（如背單字、算數學），從小到大怎麼可能只有三次或三天？至少也要有三〇〇～三〇〇〇次（天）才貼近現實吧！

假設實驗改為三〇〇天，情況會如何？第1天不獎勵，第2天獎勵，第3天不獎勵，第4天獎勵……，長久下來，受試者會掌握獎勵的規則（每隔一天就有獎金），這將使他們「動機高昂」。因為「可以做一項有趣的事，又能賺錢，是很棒的」。

相反的，隨著時間過去，普通組必然會「動機低落」。一直沒有獎勵，會讓他們這樣想：「這是什麼爛工作？努力也得不到什麼。我真的那麼喜歡嗎？我寧願找一些有獎勵的事來做！」

我想說的重點是，研究者竟想用三天實驗，就要論斷人性，實在誇張。若其他專家又引用實驗結論，據此教育孩子，就更離譜了。

以人為操作的實驗，來推論複雜的人性，得到的結論不僅偏頗，也常常是無法被應用的。

第一，在一個相當人工的環境，受試者是否會表現真實心態，這很難說。第二，如此簡單的情境，往往無法代表一個人所處的生態系統。因此，用簡單的實驗去推敲人性，得到錯誤結論的機率很高。真的要研究人性，應該要用「大樣本」、「長時間」、「真實情境」來觀察，才能得到切近現實的結論。

針對「獎勵是否會讓內在動機消失」，我倒可以提供一個非常大型的實驗結果。這實驗歷時久（超過一百年）、樣本大（橫跨各大洲，參與人數超過百億），且受試者都在真實情境中生活（有人甚至出生到死亡，都在實驗裡）。這個實驗是一百多年前開始風行，近年來逐漸消失的「共產制度」。共產制度摧殘無數家庭、洗劫百億人，最後得到的結論就是「缺乏獎勵，人們就沒有動機做事」。

共產主義一開始的理想是相當美麗的——「每個人都為全體奉獻。共同努力，創造的果實也一起分享」。說多美麗就多美麗。但推行幾十年後，卻造成了一個個赤貧的社會，人民苦不堪言。為什麼這個理想會落魄成這樣？理由很簡單，因為它違反了人性。

人性是「追求自我利益」的，自我利益滿足了，才願意去幫助別人。天經地義，幾乎沒例外。但共產主義卻要大家無私奉獻，工作所得充公，再平均分配。正常人都會失去工作的意願。想像一下：

有群人在一塊農地上工作，大家懷抱理想，共同努力。一開始確實很美好。但時間久了，總有人會偷懶，偷懶者把勞務推給別人，自己卻在旁納涼。整天下來，辛勤工作的人很累很疲倦，偷懶的人卻輕鬆得很，偏偏他們的報酬，並不因為工作量而有差異。這種不公平的感覺，便會發酵。這時候，又加入一些複雜的人際因素。偷懶的人雖不會做事，卻很會奉承上級，因而得到地位，獲得更多私吞資源的機會。可想而知，辛勤工作的人心理更不平衡了。

這樣的情景不只在共產社會中層出不窮，也在某些僵化機構裡上演，這就是人性。共產主義不可能有好的生產效率，問題出在這個制度「缺乏獎勵」，又「一視同仁」。如果懶惰的人與勤勞的人享有同樣待遇，誰想要辛苦的工作？

共產制度驗證「缺乏獎勵，人們就沒有動機工作」這個結論。那相反的，提供優渥的獎勵又會如何？這問題也有一個人數多達百億、耗時數百年的另一個實驗可以驗證，那就是「資本主義」社會。

資本社會裡，強調一分耕耘一分收穫。努力者，有機會得到高回報。懶惰者，就會落入貧窮。主張「獎勵」的資本社會，讓人失去做事的內在動機了嗎？並沒有。資本社會的人們工作動機高昂，百業欣欣向榮。資本主義成功說明：「優渥的獎勵讓人們的工作動機高昂」。

咦？這兩個真實社會的現象，怎麼跟Edward Deci 等人的研究結果完全相反？誰對誰錯？答案呼之欲出。現象對了，理論錯了。

我得不客氣的講，心理學家真想了解人性，觀察社會現象比做實驗準多了。靠人工操弄的實驗來探究，總會落入瞎子摸象的困境。

另外，心理學家雖專精人的心理，也應該要張開眼睛看看身旁世界，了解其他領域早就確定的知識。例如，資本主義的成功，就是「獎勵制度」的施行，任何一個經濟學家都知道這點。

優渥的薪水會讓高科技研發人員失去熱情嗎？超高獎金會讓運動選手討厭他們的專長嗎？不帶成見地觀察這些人，就會知道「優渥金錢與實質獎勵可以激發人的潛能，讓他們充分展現自己」。缺乏獎勵，看到的只剩一群愛抱怨、不情願工作的人。

有的學者堅持理想，「不需獎勵，而是父母要多開導，告訴孩子讀書跟做家事的意義，他總有一天會理解的」。這一點，爭辯無用。

身為父母的你，可以拋開成見去做實驗。嘗試和孩子講道理，想辦法「說服」他去做你所期待的事。如果你真的試了，卻發現根本沒用，並不是你的表達技巧不好，也不是努力不夠，而是真相本來就是如此。那個聽了道理就自動自發的完美小孩，根本不會出現。

現代的小孩面對的誘惑很多，電腦、電視、手機、平板……，這些東西都會增加教養難度。你猜，孩子有自由選擇的30分鐘，他會去做家事，還是看卡通?他會去讀書，或是滑手機?也許該擴展一下父母的同理心：「換成你的話，你會選哪一個？」

03

父母有義務無條件給孩子零用錢嗎？

賺來的零用錢，讓孩子懂得努力

現代父母教養孩子的過程中，經常見到的一個弊病就是「零用錢的管理缺乏原則」。大部分父母總是會「無條件」給孩子零用錢，有的一週給幾十元，有的一週給幾百元。

不管多或少，這些錢對孩子來說，是平白就出現的，這容易讓他們產生一個誤解——錢，跟爸媽要就有了呀！

我建議，試著讓孩子透過自己的努力，「賺」到零用錢。

舉例而言，大寶爸爸要求大寶做到：

1. 晚上八點前完成作業，並抽查通過
2. 主動溫習當天的上課內容，並抽考通過
3. 維持房間的整潔與乾淨
4. 幫忙打包垃圾，還要倒垃圾

如果大寶以上4項都做到，爸爸會給他40元獎金。做到3項，爸爸就給30元。大寶爸爸的目的是，**要讓孩子知道：努力付出才能得到零用錢，而得到金錢的多少，與努力的程度緊密關聯。**這將讓孩子得到一種信念——錢，是要靠自己去賺的。

因此，父母可以利用「賺零用錢」的方式，來引導孩子各種正向的行為，不論是品行、課業、態度、人際相處等。

初期，不要把目標放得太高，盡量讓孩子愈輕鬆得到獎賞愈好。**當孩子發現你的計畫「有甜頭」，他才會願意照著計畫走。**

記住，獎勵愈即時愈好，每天獎勵比每週獎勵來得有效。若孩子對金錢不感興趣，父母就要費點心思，找出可以吸引他的東西。

執行獎勵的過程，父母切記要冷靜、堅持，就單純地打分數、給獎賞，不需要嘮叨。**一旦父母設立的目標合乎情理，獎金（品）又吸引孩子時，孩子的行為就會步上軌道，慢慢變好。**

要是父母之前已經長期讓孩子平白領零用錢了，突然要收回，肯定會引起孩子反彈。這時，父母不妨把獎勵辦法設定優惠一點，讓孩子知道，「只要努力，賺到的零用錢會比以前領的還多」。這樣一來，孩子當然樂意接受新制度。

在學校或在安親班補習班的行為問題，可以請老師協助觀察。例如，針對孩子的表現，在家庭聯絡簿上打○（優良）、×（不好）或△（還可以）。這種簡單的評分方法，老師比較願意做。

當然，事前跟孩子約定規則，像是得到○，回家就能領獎勵，得到×，回家就要懲罰（父母要記得另外探討原因）。

孩子滿十八歲了，父母可以鼓勵孩子去打工，賺取生活費，這能讓他體會賺錢的辛苦。或者父母只提供基本生活開銷（如交通、餐費），額外花費（如休閒娛樂的費用）讓孩子靠自己賺取。

孩子年紀小，父母讓孩子「賺零用錢」，孩子年紀大，父母鼓勵孩子打工，融入社會。**唯有透過自己的力量賺到錢，孩子才會了解，錢代表著一個人用心耕耘後的甜美果實。**

04

賺錢，加強孩子想要改變的動機

不小不大的缺點要怎麼幫孩子導正？

教養孩子的過程中，父母一定會注意到某一類問題，這問題不大不小。說大，沒有大到需要懲罰；說小，又不是小到可以忽略。而且數目之多，影響層面之廣，很難妥善去處理。

例如，「懶惰」的個性，就是其中之一。孩子懶得讀書，懶得收房間，雖然說起來並非罪大惡極，但是實在是看不下去。無奈即使父母臭罵他一頓，他依然故我。

再例如，逗弄自己的兄弟姐妹。手足間一直吵吵鬧鬧，一下子哥哥來告狀，一下子妹妹來告狀，大人聽了心情煩躁，無法做事。

遇到上述這類小問題，金錢就有妙用。

孩子不讀書，就設定獎勵，「讀書10分鐘就有獎金10元」。但若孩子都是假裝看書（實際在發呆），就要換規則，「看書後，抽考70分（或答對N題）以上，得到獎金30元」。

當手足持續吵吵鬧鬧，就可以規定，「現在到8點都好好的玩，不吵鬧，每個人零用錢加30塊。要是又吵鬧、告狀的話，每個人都要扣10元。扣到沒有錢為止」。

肯定有父母會覺得，「打一頓就乖了啊」。這種方式當然能有效控制孩子，但也會帶來可怕副作用，那就是「孩子過度壓抑」。

曾有一個父親，以高壓方式對待女兒。女兒也一直乖巧順從。直到高三某天，她突然從高樓跳下，結束生命。這時父親才知道，孩子沉默，不代表她同意。女兒也有情緒，只是始終被壓抑。

孩子有自己想法，會反抗父母，吵來吵去，這是很正常的。孩子要是太文靜、不表達想法，你反而要擔心。

用金錢來獎勵孩子，可以微調孩子的個性（或行為），又不會讓孩子過度壓抑。高壓統治雖然很容易管理孩子，但是也容易破壞親子間的關係，甚至引發孩子的憂鬱情緒。

教養孩子有太多太多的細節要處理。有的時候，連「要不要睡午覺」這件事，都能吵翻天。有兩個孩子很不喜歡睡午覺，但媽媽擔心孩子累，執意孩子一定要睡。每次午覺時間，孩子就會抗議。

後來這位媽媽改變策略，不再「勉強」孩子睡覺，但建立了一個獎勵制度，「睡午覺的加30元」。孩子自然乖乖睡了。

父母要相信，孩子大多有能力控制自己，只是他們不太想，畢竟，無拘無束做自己較愉快。**父母要孩子改變，就要加強他們的動機。賺錢，就是讓他們去做事的一個好理由。**

05

父母不打不罵，孩子可以乖乖聽話？

扣錢，有效管理孩子的失控行為

孩子的行為有問題，父母又不想靠打罵解決時，「扣錢」就是一個很好的辦法。當家裡孩子吵架，勸都勸不聽，父母可以說：「不要再吵了，再吵我就要記×」。孩子可能繼續吵，父母就接著說：「現在我要開始記×，累積3個×，我就扣10元」。

這時孩子會想測試你，繼續吵。父母得鎮定，不動怒的說：「記1個×」。通常，從你記第1個×開始，孩子就會停止下來。

此刻，不妨繼續加強好的行為。孩子一安靜下來了，你可以說：「非常好。每人加2個○，繼續保持，等一下會給你更多○。5個○就加10元獎金」。**有懲罰，也有獎勵，孩子就更願意聽話。**

孩子常玩些昂貴物品，如家電、窗簾。臭罵一頓，當然可以。但也許這樣說，孩子更有感：「這窗簾八千元，你玩壞了，就要幫忙出四千元買新的」。孩子聽到，多半不敢再玩了。當然，前提是孩子有錢。如果他連五百元都沒有，你卻威脅要扣四千元，他哪會怕。

使用「扣錢」懲罰孩子，必須搭配獎金獎勵制度。換言之，父母平時大方的獎勵孩子，讓孩子累積他的零用錢。當孩子有充足的零用錢時，你才有機會用「扣錢」來管理他。

扣錢是一種有效的管理方式，不用大吼大叫孩子就會聽話。這將會讓父母在教養路上輕鬆許多。

06

如何設定「效果最佳」的獎勵規則？

任務很簡單，獎勵很優渥

常有父母告訴我：「獎勵也給了，孩子就是不願意聽啊！」我說，會有這個狀況，多半是「獎勵不夠吸引孩子」。例如，對一個讀國中的孩子來說，「晚上八點半前把功課完成，就有10元獎金」。這是很乏味的獎勵。孩子不可能被吸引。

父母常常不了解「優渥獎勵」的重要性。

假設一種極端的情況。你的孩子很想要買一支手機，而你告訴他「今天晚上八點半前完成功課，我就幫你買一支」。你猜，孩子會不會盡全力做到？一定會。為什麼？

因為「任務很簡單，獎勵很優渥」啊。遇到這樣的任務，孩子很容易就可以達成。

父母想獎勵孩子，就要把握「任務簡單，獎勵優渥」的原則。

孩子稍微努力就能做到，還能得到獎勵，他會很喜歡去做你指派的事。等孩子上了軌道、習慣了這種方式，父母再慢慢把標準調高一點。但是切記，千萬別讓孩子覺得：要很辛苦才能成功。

獎勵的東西不用貴（獎金也不用太高），重要是要即時給，最好是當天，甚至是當下就能獲得。

「你要是連續30天都在晚上八點半前就把功課寫完，等到暑假就帶你出國玩。」這樣的獎勵模式，效果通常不會太好。一是設立的目標太難（要連續努力30天才算達成目標），二是就算達成了，這個獎勵還要等很久很久，才能拿到。

比較好的獎勵做法，應該是「只要在晚上八點半前寫完功課，當天就會發50元的獎金」。孩子要出門玩，累積下來的獎金就是孩子的零用金，要買什麼或吃什麼都可以自由運用。

其實，我認為最理想的獎勵制度應該是——「只要孩子願意努力，他在每個時刻都有機會得到獎金」。

父母可能會提出一個疑問：「要是每天都發出優渥的獎金，那孩子會不會擁有太多的錢啊？」

我建議父母，在建立獎勵制度之後，就不需要再無條件發給孩子零用錢了。就讓孩子透過自己努力來賺零用錢吧！

努力賺零用錢，也懂得用賺來的錢，支付自己的花費。這樣的教育，最能培養孩子正確的金錢觀。

07

孩子要求加薪（獎金），該怎麼辦？

設定配套措施，提高獎金變合理

有位苦惱的媽媽問我：

我一直採用「鼓勵替代懲罰」的觀念，孩子做家事都用錢支付，例如，倒垃圾、洗碗一次獎金30元。清理房間、考一百分就有獎金100元……。孩子讀小學時，真的好有用，等老大、老二上了國中之後就不靈了。尤其是他們不缺錢，就一定叫不動。老大還會嫌說獎金太少，不想做。我該怎麼辦才好啊？

我是這樣回覆這位媽媽的。

用「鼓勵替代懲罰」原則上是正確的，但執行的過程，多少還是有需要變通的地方。這位媽媽所面臨的問題，是孩子「嫌獎金少，不想做」，和「因為不缺錢，叫都叫不動」。這些問題很常見。

在回答這個問題之前，我先要說明：用金錢獎勵孩子的制度，必須要有「配套措施」。

最主要的配套措施是——「孩子的基本需求，由父母供應。但是超過基本需求的部分，孩子就要用自己的錢去支付」。

舉例說明，就會更清楚。第一雙球鞋由父母買，但是如果孩子想要的是更炫的球鞋，就得自己出錢。三餐簡單吃，由父母買單，但想吃人氣餐廳，孩子就要幫忙出一部分的錢。想買手機，用自己的錢買。想跟朋友去看電影，也要用自己的錢。

以上，就是我所說的配套措施。

有了這些配套措施，你應該要依照孩子年齡，調高他們的獎金。**因為孩子年齡漸長，花費一定也跟著增多。要求調薪是合理的。**

但有一點必須小心處理，就是其他的長輩（如爺爺、奶奶）會毫無理由地供應孩子零用錢，一旦給多了，孩子手上金錢充足，他自然就不會為了你的獎賞而努力。

這時候，你就要積極去說服長輩，請他們不要任意給孩子錢。畢竟，像這樣平白拿到錢，孩子就無法學習靠自己努力，只懂得缺錢就跟長輩討。養成這種習慣是很糟糕的。

NOTE

善用獎懲 Tips

有獎勵，也有懲罰，孩子就會願意跟著規則走，慢慢上軌道。

08

如果孩子亂花錢，家長怎麼辦才好？

孩子有權力管錢，就會精打細算

曾經有位爸爸也針對金錢獎勵提問：

要是我們一直大方獎勵孩子，孩子想必也會累積不少的零用錢，萬一他的零用錢用在不正當的花費上，如去網咖打電動、購買遊戲點數……，該怎麼處理才好呢？另外，我們也很擔心，他會不會因為零用錢很多而亂花，去買一些很沒必要的東西，如很高級的手機，或一些很貴的衣服或鞋子。

我的回應如下。

當孩子有了充足的零用錢，父母擔心孩子亂花是必然的。

處理方式要循序漸進。**一開始，應該要信任孩子，相信他有管理金錢的能力。當然，如果發現他亂花錢，則要給予提醒。**

告訴孩子，「如果你再繼續亂買東西，爸媽就要收回你管理這筆錢的權力。即使錢是你的，還是要交由我們保管」。

孩子如果依然故我，你就要接手保管這筆錢。

花錢的問題，應該要區分成2類。

第1類的問題是，孩子花錢的方式明顯有害，父母務必要制止。

例如，花錢買遊戲點數、上網咖、常買垃圾食物……。

第2類的問題是，孩子花錢的方式不一定有害，只是「不懂得精打細算」。這時，父母要給孩子空間，讓他去嘗試用錢。

例如，孩子想買一套昂貴的玩具。對父母來說，這個玩具實在沒有價值。但對孩子來說，這可是他夢想的禮物。

如果父母真的覺得很不值得，可以「從旁提供意見」，建議孩子三思。但若孩子堅持要買，這時候父母應該要讓孩子去買。理由是，孩子的世界跟大人是不一樣的，大人重視花錢的成本效益，小孩子則不會想那麼多，想要就買。那是他的價值觀，父母應該加以尊重。

做決定的過程，難免會犯錯。畢竟，會精打細算的人，也都曾經買錯過不少東西。買錯了、買貴了，經驗累積多了，孩子就會開始精打細算了。**父母要培養孩子金錢觀念，這是重要關鍵——讓孩子去做決定，而不是幫他做決定。**

孩子有決定權，才會認真去思考他的選擇。選錯了，也會讓他成長。相反的，父母堅持不能買，孩子就會發現：爸媽表面上相信他能獨立，實際上卻想盡辦法限制。這會讓孩子失去獨立判斷的動機。

我就曾會談過一位年輕人，他讀的是國立大學理工相關科系，課業成績中上，智力正常。但他不知道買東西哪邊貴哪邊便宜，一個月手機費六、七千元也不覺不妥。這樣的狀況，是怎麼形成的呢？必然是父母從小到大的保護、幫孩子做各種決定造成的。

孩子擁有自己的零用錢，他會變得精明。一個孩子吵著買玩具，父母若說「用你自己的錢買」，他就會開始猶豫了。為什麼？因為父母買、用掉父母的錢，他不痛不癢。但是自己買、用掉自己的錢，他多半會捨不得。遇到要孩子自己出錢時，他們就會精打細算。

09

獎懲制度會不會破壞手足間的感情？

公平的獎懲規則，就不會產生競爭

有位媽媽這樣問我：

我的兩個孩子因為表現不同，得到的獎賞有明顯差異，會不會讓表現差的孩子覺得被輕視了？

我知道，每個孩子的天賦都不同，也有不同的個性，我實在不希望他們覺得「媽媽只愛表現好的孩子」。我也擔心，如果我常評價他們的表現，會不會讓他們習慣競爭，影響手足感情？

原則上，在獎勵孩子的過程中，我們不是透過「比較」來訂立獎懲規則，而是應該參照孩子本身能力如何。

也就是說，手足間的標準，可能原本就是不一樣的。例如，哥哥長的高，可以幫忙收衣服。妹妹力氣小，就幫忙洗碗。哥哥課業上表現好，標準訂為90分，妹妹課業表現不好，標準則訂在85分。

觀察孩子，並針對孩子不同行為特性，去設立目標。例如，哥哥房間很亂，父母就獎賞「維持房間清潔」這件事。妹妹不喜歡背英語單字，父母就獎賞「背好英語單字」這件事。

當然，父母也有可能獎勵同樣的一件事情。例如，「讀課外書」一事，設定讀10分鐘領10元獎金。哥哥讀30分鐘，妹妹讀50分鐘，領的金額不同，孩子也不覺得不公平。畢竟，讀長讀短，是孩子可以控制的。他們會接受最後的結果。

容易引起孩子紛爭的事，是父母評價孩子表現「是否乖巧」。這是因為「乖巧」很抽象，父母的評價不免會引起孩子抗議。

例如，要求哥哥與妹妹在兒童圖書館裡都要很乖，做到就有50元獎金。真正到了圖書館，哥哥一直製造噪音。妹妹也在玩。爸媽輕聲斥責，妹妹一次就知道該停下來了，哥哥則是等爸媽說了好幾次，才安靜下來。離開圖書館，爸媽說，妹妹得到50元，哥哥只有30元。哥哥可能就會反彈，抗議說「我也停下來了啊」。爸媽若是要堅持做這樣的差別獎勵，哥哥可能會哭鬧。

我建議「也給哥哥50元」。**因為獎懲是要讓孩子服從的手段，不是要折磨孩子。只要孩子服從了，父母要盡量給予寬容回應。**故事中的哥哥既然也有改善，父母就別再堅持差別獎懲。孩子已經改變，就要給孩子機會。不要讓孩子覺得，父母會一直記住孩子的過錯。

因此，應該就把哥哥的獎金也調到50元。如果妹妹為此抗議「不公平」，就再加10元獎金給她。

當然，要是哥哥始終不改善，卻要求一樣的獎金，父母就要斥責，並堅持表現不同，獎金就不同。這時候的堅持，孩子通常會服氣。

最最要避免的是，完全剝奪表現不好的孩子的獎金（0元）。**完全不給獎勵，會給孩子一種很不愉快的感覺，容易讓孩子自暴自棄。**其實，只要輕微差異就能讓孩子有被懲罰感，父母目的就達到了。

言歸正傳。獎勵孩子的過程中，原則上，是盡量讓兩個孩子都得到一樣獎勵為佳。非得要有差異獎勵，也不要落差太大。

當你的獎勵大部分情況下是一樣，兩個孩子就會覺得公平。**孩子覺得公平，就不會有競爭問題產生了。**

10 孩子為錢討價還價，就是忤逆前兆？

斷然拒絕孩子超出合理範圍的要求

有位聽從我的建議、利用獎勵來教養的媽媽問我：

我奉行你的獎勵政策，大方獎勵孩子。但是，我現在遇到的困難是，孩子常常跟我討價還價。例如，做某件事要多10元。有的時候，本來我答應要去做什麼事情，後來因事取消，孩子也想我用錢補償。導致孩子常常跟我們計較錢的問題。這樣是正常的嗎？會不會讓我們的親子關係變得只剩下「錢」而缺少感情？

這問題的核心在於：「金錢」在親子互動中扮演什麼角色？錢在**親子互動中的角色，若萎縮成「資源爭奪」，那麼，這就代表父母對獎勵的意義有了誤解。**

不少父母內心會有一種恐懼——如果孩子會為了「錢」跟父母起爭執，那麼，他以後一定就會因為「錢」而忤逆父母。

以上其實是一個非理性的想法。

很多時候，孩子跟你爭的，並不是「錢」的問題，而是「公平性」。如果你可以公平的回應，孩子就會服氣。

當父母已答應孩子要去從事某個活動，卻臨時取消，孩子的內心自然會產生失落感。若錯在父母（如突然要加班），就承諾他會另外再安排一個活動。孩子還是為此生氣的話，就給他適度的金錢補償，這會讓孩子心情比較平衡。有什麼不好？

父母應該要像一個明理的老闆，當孩子要求合理，就迅速答應。當孩子的要求不合理，就迅速拒絕。

這樣的過程可以讓孩子學習到——「你可以爭取合理的權益，但如果超出合理範圍，是會被拒絕的」。

有的父母說，「真受不了被孩子不斷勒索」。

孩子有類似勒索的行為，並不是金錢獎勵帶來的，而是導因於父母的性格弱點。缺乏主見的父母，往往會帶出失控的小孩，即使完全沒有使用金錢獎勵，也會出現這樣的結果。

舉例來說，有的孩子就是不肯依照說好的規則，吵著要打電動、看電視、要買東西……。這時，父母若缺乏主見，孩子就會不斷要求。到最後，即使完全不談錢，孩子還是一樣失控。

因此，孩子會在金錢上討價還價，是沒關係的。重點是，父母是不是有原則、夠堅定，懂得拒絕不合理的要求。

其次，孩子長大了，花費的確也會變多。提高獎勵金是可以的。父母需要注意的問題是，當開始給孩子獎勵金後，就不要再給零用錢了。那種每週固定多少、每月固定多少的錢，全部取消。

理想目標是，讓孩子透過自己的力量，賺得他所有的生活費。這樣做會讓孩子了解，「要擁有什麼東西，就要靠自己去努力」。

很多父母害怕孩子長大會棄養父母，因此，竭盡全力對孩子付出，根本不談錢。但容我提醒，這類父母最容易養出忤逆的小孩。為什麼？既然父母已經如此無私地付出，矢口不談錢，怎麼還會讓孩子變得光要錢，不要父母呢？

全然奉獻的父母所培養的，常是極度自我中心的孩子。

因為孩子要什麼，父母就會盡量配合，他從來都不覺得自己虧欠誰，只覺得自己是世界上最重要的。到最後，養成脆弱自私的性格，在人際交往中飽受挫折，在社會上無法生存，只好繼續依賴父母。

這樣的孩子不會快樂，他會一邊向父母要錢，一邊折磨父母，父母也不會快樂。類似的故事，網路上、報紙上常常有。

人生真的很弔詭。父母為了孩子犧牲一切，滿足孩子所有需求，卻害了孩子。相反的，如果父母像個明理的老闆，懂得強硬拒絕，讓孩子知道對錯，反而讓他成長，也不會減少孩子對父母的愛。

再回到這位媽媽的問題，孩子跟大人談到錢，並不是代表「親子之間的關係只剩下錢」。「錢」只是他爭取「公平」的方法。父母該做的，是合理回應孩子的訴求。

談錢是沒問題的，只是父母要能了解——「『錢』是你用來教育孩子的工具」，這樣就可以了。

11

孩子總是自動自發，就不用獎勵了？

加上獎勵，塑造孩子的正向性格

有位媽媽的問題，應該也是不少家長會遇到的：

我的小兒子很乖，他常常自動幫忙做家事，叫他去讀書，他也很快就去。但是大女兒就不一樣了，完全叫不動。每次都要等到我要罵人打人，她才心不甘情不願的「開始動作」。唉，這讓我好苦惱。既然小兒子都會自動自發了，我還需要獎勵他嗎？會不會給他獎勵之後，他反而不像以前那樣的主動啊？

我的回應如下。

想一想，大人的世界裡，有個表現良好的員工，總是自動自發完成份內工作（甚至幫忙同事），他該不該得到獎勵呢？獎勵會不會讓他失去做事的動機呢？還是讓他的動機更加強烈？

答案很簡單。**當好表現得到優渥獎勵，會讓人更有動機去做事。**

身為父母，應該要掌握的重點是，讓孩子清楚地感受到——「一分耕耘，一分收穫」。

常見的獎懲模式有兩種。一種是，表現好的不給獎勵，但是表現不好的要給懲罰（即責罵責打）。提問的媽媽，就是屬於這一種。另一種是，表現好的有獎勵，表現不好的沒有獎勵。

我認為，第二種模式比較第一種好。因為第一種模式會讓孩子缺乏做事的動機，導致父母常常在跟孩子拉鋸。

但大多數父母都採用第一種模式。這使親子關係遭遇一種困境：父母對懶惰的孩子採責罵手段，罵到最後，孩子麻木了。變得叫也叫不動，打也打不怕。

要是家裡的小孩不只一個，其他孩子也會跟著出問題的。一旦聽話的小孩認真做事沒獎勵，懶惰的小孩輕鬆混日子卻也沒懲罰，這肯定會讓聽話的孩子反彈。

我說第二種模式比第一種好，是知道當父母給勤勞孩子很好的獎勵時，會讓這個孩子感受到自己的好行為被肯定，覺得公平。懶惰孩子雖得不到獎勵，但他會了解這是自己造成的，也能接受。

信裡提到，「會不會給他獎勵之後，他反而不像以前那樣的主動啊」的問題，是完全不需要擔心的。

試想，一個學齡的孩子每天要面對多少大人、老師、同學，彼此的互動有多綿密。父母獎勵孩子的好行為（如勤勞、有禮貌），且孩子的這些行為大量發展，將會影響他與周遭人的互動。

孩子表現良好，同學喜歡他，老師喜歡他，鄰居看到也誇獎他。這些互動會讓孩子覺得「自己很棒」。當他這樣覺得，就會表現出更多的正向行為。若再加上父母的鼓勵，這樣的行為就會更多更強，直到變成孩子性格的一部分。

父母教育的主要目標，就是要在孩子仍稚幼時，透過獎懲塑造他的人格，獎勵應該大量使用，讓孩子的正向行為盡情發展。

12

沒獎勵的大孩子，變好動機就歸零？

小時靠父母塑造，長大靠社會強化

有一位爸爸把他心中的疑惑告訴我：

家長一直獎勵孩子，時間一久，他一定會習慣這樣的獎勵制度。當有一天，我們想要抽離這些獎勵的時候，孩子會不會失去衝勁、什麼事情都不做了呢？畢竟，家長不可能一直陪伴孩子，孩子還是得要建立自己的內在動機，不是嗎？

我的回應如下。

「抽離獎勵，導致孩子行為動機減弱。」這是必然的。但針對這個擔心，我想反問一個關鍵問題：「你何必要抽離獎勵呢？」

孩子還小的時候，你完全不用擔心這個問題，他們會待在你身邊，你只需要大方獎勵就好。

只是隨著孩子漸漸長大，父母都會擔心，大人不可能一直陪在孩子的身旁。遇到孩子要離開、父母無法繼續獎勵時，恐怕就會導致孩子失去了學習、工作的動機了。

我想，這個擔心是不必要的。

理由很簡單。孩子小的時候，父母扮演獎勵者的角色。當孩子長大成人，他的老闆就會接手扮演起獎勵者的角色。進到好的公司，辛勤努力，老闆自然會重用、加薪。

唯一一個比較尷尬的階段，大概是在「大學階段」。

孩子就讀大學、研究所時，住在外地的機率很高，父母無法即時給予獎勵。這時，父母該怎麼做比較好呢？

父母不妨試著建立一些獎勵的指標，讓孩子可以依循。

要是認為成績是重要的，不希望孩子一上大學就玩到昏天暗地，就跟孩子約定，學期分數中，有一科達90分或以上，就可以得到五千元獎金，80分或以上則有一千元獎金。

要是希望孩子每天都能跟父母談一談生活瑣事或心得，就要求孩子寫下每天所見所聞及感想，可以Mail給你，或用Line等通訊軟體，與父母分享。做得到，也有獎金。

孩子放寒暑假，你希望多點時間和孩子在一起，也希望他們別成天在外「趴趴走」，就可以安排一些事情讓他們做（如每星期一天，親子一起去當志工）。若孩子願意，也有獎勵。

這些都是用來獎勵大孩子的方法。

父母要獎勵孩子的，一定是良好的表現、值得肯定的行為，像是誠實、勤奮、懂得分享等。

一旦孩子長大，與社會互動變多，社會就會接手強化好的行為。只要父母塑造的行為，為社會所讚許，就不必擔心它們消失。

13

光用金錢獎勵，就能教出好孩子嗎？

關心孩子，才是最紮實的基本功

有位中學輔導老師王老師，針對金錢獎勵法提出疑義：

楊老師，你提到用錢獎勵孩子的觀點，我並不贊同。我看到許多忙於工作的父母，也是用金錢來彌補孩子。但這些孩子在成長過程中多半會出現問題，我在輔導室就看過很多。我認為，金錢不能夠代替親情，金錢也絕對無法培養出一個健全人格的孩子。父母必須要關心小孩，這才是教養最基本的。你不覺得嗎？

肯定有不少讀者產生過相同疑問（我臨床諮商時也遇到不少），不如我一併在這裡說明，化解各位的疑惑。

信裡王老師提及，「**金錢不能夠代替親情，金錢也絕對無法培養出一個健全人格的孩子**」這一點，我深表認同。我認為，單靠金錢想培養人格健全的孩子，是愚蠢的想法。

我對親子教養的觀念，與王老師的看法，並沒有太大的矛盾。對於親子教養，我的第一個觀點是，父母應該要關心孩子，並用心了解孩子。這些是紮紮實實的基本功。

我的第二個觀點是，孩子如果有正向的行為表現，父母應該要給予大方的獎勵。

我的兩個論點，是有先後順序的。

父母關心孩子，了解孩子，這是最優先的。這一點做到了做好了，那麼，才可以進行第二點。用錢大方獎勵孩子的好行為。

要教養出一個人格健全的小孩，父母的關心是最重要的。少了這一項基本功，不論後面做什麼，效果多半不太好。父母應該先做好第一點。之後，才來思考第二點。

如果父母已經很關心小孩，很常陪伴，卻覺得孩子不太好教，這時，金錢獎勵就可以派上用場了。

NOTE

善用獎懲 Tips

要先觀察孩子的特性與喜好，才能設立最恰當的目標與獎勵。

PART C

執行獎懲小撇步

不用「獎勵」，卻要孩子乖乖聽話的唯一方式是「懲罰」。用「懲罰」來管理孩子行為，效果雖好，但易流於「高壓統治」，且會帶來一些「副作用」。獎勵，正好中和懲罰的負面效應。

「獎勵」能讓孩子知道自己被肯定、有價值。即使孩子表現真的很差、問題行為一堆，還是要盡量挑出孩子的優點來獎勵。

不過，孩子像株脆弱小樹，容易長偏長歪，「有限體罰」是必要之惡。過度依賴講理，忽略懲罰，只會讓孩子面臨更多危險。

孩子犯錯，父母姑息，孩子會漸漸不當回事。但記住，沒有明講的遊戲規則，就不該罰。即使教過很多次，也要給孩子犯錯空間。花些時間跟孩子解釋「為什麼被罰」，才能延續懲罰效果。

01

為什麼一定要有「獎勵制度」？

獎勵可以中和懲罰帶來的副作用

不用「獎勵」，卻能讓孩子乖乖聽話，唯一方式就是「懲罰」。用「懲罰」來管理孩子的行為，效果雖然好，但容易流於「高壓統治」。高壓統治則會帶來一些「副作用」。

孩子還小的時候，父母嚴厲，孩子會聽。但是，嚴厲的父母將讓孩子變得畏縮，不敢有自己的意見，因而缺乏自主性。這是高壓統治帶來的第一個缺點。

孩子漸漸長大，開始會跟他的同學、朋友做比較。他會發現，不是每位同學朋友的父母，都跟自己的爸媽一樣嚴厲。這時，他會懂得抗拒權威。年紀愈長，反抗的力道愈強。這是第二個缺點。

第三個缺點，也是最嚴重的一點。高壓統治的家長，多半一直在懲罰孩子。常處於這種環境下的孩子，總是看到自己的缺點，他很容易覺得自己是一個糟糕的人。

獎勵的存在，可以中和懲罰的負面效應。

當孩子行為上有偏差，父母給予懲罰。下一刻，孩子表現良好，父母給予獎勵。這樣孩子很快就可以了解——「『我』是好的，只是『我的行為』需要修正」。若一直懲罰，沒有獎勵，孩子恐怕會分不清——「到底是『我』出問題，還是『我的行為』出問題」。

畢竟，當孩子看到自己一直犯錯，很容易解讀成「我很差，所以總是做不好」。這種自我概念一旦形成，要改就很難了。

工作上，我看到不少過動症孩子遭遇這個問題。

過動症使孩子注意力不集中、好動、衝動，惹出不少麻煩。這些麻煩導致同學排斥，老師也不喜歡。然後，家長只好為此打罵孩子，並質問他：「為什麼你一直在犯錯？」

孩子成長在這種環境之下，不但會逐漸自暴自棄，還會出現一種想法——「反正你們都覺得我不好，我就壞給你們看」。這致使他們的偏差行為愈來愈嚴重。

所以我才說，獎勵很重要。**「獎勵」可以肯定孩子好的行為，這讓孩子知道自己也有優點。**

若要以一個量化概念，來建立獎懲制度的標準，我認為，獎勵的次數應占80％以上，而懲罰則不應超過20％。

換言之，**即使孩子的表現真的很差、行為問題一堆，父母還是要盡量挑出孩子的優點，並給予獎勵**。一陣子過後，你將發現，當孩子相信「自己是好的」，這會讓他表現出更多好行為。

在孩子小的時候，父母多半會有一股衝動——想用權威壓制孩子。也許一開始挺有用的，但這並不是好方法。因為父母漸漸衰老，孩子漸漸長大。總有一天，孩子會用同樣的方式對待你。

02

為什麼懲罰前要數1、2、3？

給孩子緩衝，協助他練習控制自己

不少家長在教導幼兒過程，習慣以威嚇口氣數「1、2、3」，數到「3」還講不聽，才會進行處罰。我認為，這個方式挺好的，這樣的作法也相當符合心理學的理論。

幼兒比較愛玩，缺乏控制衝動的能力。若一看到孩子的不良行為，就立即打罵，孩子可能也會覺得莫名其妙。這種情況下，孩子相當無辜。孩子個性強硬的話，搞不好會跟大人對立。

父母不妨改變策略。看見孩子的不良行為時，除了告訴他「不可以」，還要數「1、2、3」，讓孩子有練習自我控制的機會。如果之前就有經歷過父母喊到「3」而被處罰的經驗，孩子便會知道事情的嚴重性，他的壓力也會更大。孩子若能夠因為感覺壓力而中止不良行為，是最完美的。不必藉由責打，就能遏止孩子不良行為，這跟孫子的「不戰而屈人之兵」，有異曲同工之妙。

以心理學的角度來分析，數「1、2、3」是給了孩子一個比較長的緩衝時間，幫助孩子練習控制自己。當孩子一出現不良行為，父母便急著打罵，就浪費這個難得的學習機會了。

有的時候，父母可以放慢數數的時間，並加強自己的語氣。就算已經數到「3」，也未必要立即責打孩子。

父母可以給孩子一個提醒，「我已經數到『3』，再不放下來，我就要打了」。一邊說，一邊微微舉起手上的棍子，作勢要打下去。這時候，孩子內心必定很有壓力，他就會停止不良行為。

當然，肯定有不妥協的孩子，執意要繼續不良行為，這時，父母一定要施行處罰。第一次可以打一下手心或大腿，讓孩子感到輕微的疼痛就好。接著，父母要重數「1、2、3」，語氣要比前一次嚴厲，並重複強調，要孩子立即停止。如果孩子仍無動於衷，第二次打的強度就要強一點，也是一下就好。

只要父母夠堅持，孩子一定會屈服。

執行處罰的過程常會遇到一些狀況，父母的態度一定要「堅持且一致」。例如，途中孩子跑到爺爺身邊，使父母無法執行懲罰。這種情況下，父母一定要讓孩子回房間，並得到懲罰。

處罰之前，父母要花一些時間跟孩子解釋，「讓孩子了解自己為什麼被罰」。這麼做的理由是，孩子的記憶力並不好，所以，很有可能你在懲罰時，他對於之前犯的錯已經不太有印象了。

蠻多父母都有一種想法，認為「只要好好說，孩子就會聽」。如果可以透過講道理來改善孩子的行為，自然相當完美。不過，據我觀察，單純說理的方式，往往行不通。

畢竟，孩子的思考能力並不成熟，他們可以重述你講過的話，但是對於你的道理則是不了解的（例如，為什麼不要在樓梯玩）。孩子的生活經驗少，不知道身旁環境存在的危險。**父母不該過度依賴講理，而忽略懲罰，這麼做，只會讓孩子面臨更多危險。**

03

立即給予孩子獎勵的效果最好？

延後獎勵，讓孩子變好的動力消失

要鼓勵孩子的好行為、好表現，愈快愈好。一個好的行為，若馬上得到獎勵，這時，獎勵效果是最好的。獎勵時間點延後太久，很容易就會失去獎勵的效果。

舉例而言，某位就讀國一的孩子，很期待可以出國玩，媽媽為了鼓勵他好好念書，就告訴他：「你認真一點，如果每學期都能考進全班前五名，國中畢業的時候，我就帶你出國玩一個月。」

孩子一聽到這樣的承諾當然很開心，也希望自己表現好，於是他卯起來努力。但是，過沒多久，他對讀書又失去動力了。

不管媽媽怎麼說「以後要帶他出國玩」的事，情況還是一樣。這個獎勵之所以失效，主因就是獎勵的時間點拖太久了。

再例如，父母可能會跟孩子說，「如果你這學期能考進班上前三名，學期末我就買輛〇〇牌的腳踏車送你」。這樣的獎勵也不夠好，設立的時間點，還是太遠。

當獎勵的時間點拖得太遠，就會讓孩子覺得——那個獎品似乎不是真的。這個情形就像是老闆平時對員工缺乏獎勵，某天心血來潮卻對員工說：「如果你們業績夠好，十年後，我發給每人一千萬」。

這個承諾真的太遙遠了，員工不會相信的。

孩子的智能發展尚未成熟，承諾兩年後要給的獎勵，對他而言，就像是十年那麼久。聰明的老闆會每個月獎賞員工的優良表現，並定期給予大獎勵，員工自然士氣高昂。

聰明的父母也該如此，看到孩子有好的表現，就隨時給予獎勵，這樣孩子就會一直做出好的行為。

比較理想的獎勵方式是，每天（甚至每個時刻）都進行獎賞。例如，父母每天抽考當天要讀的科目，考80分以上，就給予獎金10元。或做家事給獎金30元。讀書一小時給獎金20元。

孩子賺到獎金之後，父母要鼓勵孩子花掉。讓孩子從花錢的過程中得到快樂，他才有動機繼續努力。有些父母，會要孩子把賺到的獎金省下來，當作以後的註冊費。這是錯的。

這會讓孩子感覺這個獎勵制度是個「騙局」——努力賺錢，卻是要幫忙拿出來繳註冊費。很快的，孩子就不想做事了。

除了「錢」外，父母還有一項可以隨時用來獎勵孩子的東西，那就是「口頭的讚美」。**當孩子出現好行為時，父母千萬別吝惜讚美。讚美給了孩子最即時的回饋，這將大大強化他的自信。**

04

為何要善用「小貼紙」來獎勵？

即時的獎勵，讓孩子持續好的行為

對年紀小的孩子，「收集貼紙」是一個可以善用的鼓勵方式。

小孩的注意力、記憶力較差，貼紙是能隨時給的回饋，可以讓孩子的好行為持續。例如，老師看到小朋友很認真寫功課，就在他的桌上（或收集卡）貼一張貼紙。過十分鐘，孩子依舊認真，就再給一張。一堂課下來，保持認真狀態的小朋友，可能得到3張或更多的貼紙。而這些貼紙則是日後兌換獎品的依據。

相對的，只跟小朋友說「上課表現好的同學，放學前就有獎品可以拿」，這樣的獎勵時間點就拖得太久了。只有立即被鼓勵，孩子才有更強的動機表現好的行為。

父母不妨幫孩子準備一本簿子，只要他有好行為好表現，就貼上一張貼紙當作鼓勵，而且要讓孩子透過收集貼紙來兌換禮物。如此一來，孩子就會因為想要貼紙而努力變好。

或許有父母認為，貼紙是很幼稚的東西，應該要給孩子更高級的東西才對，例如，電動玩具、飾品。不過，這些獎品對年紀小的孩子並不恰當，因為孩子無法感受禮物的價值，大人也浪費了不少錢。

孩子畢竟是孩子，有他們自己的世界。在他們的世界裡，一張貼紙就是讓他們感到快樂、榮耀的東西了。大人們沒有必要給予過多，這樣只會提早結束他們的童年。

05

怎麼讓孩子樂意接受你的規範？

重點行為一次列兩項，孩子不反彈

替孩子訂立的行為規則，不應該太激進。循序漸進地約束，比較不會引起孩子的反彈。

我建議，不妨先將某兩項最需要改善的行為列為「重點行為」，並訂立獎懲辦法。至於其他的行為，則是列為「觀察行為」，也就是做到的話有獎勵，沒有做到的話也不懲罰。

我之所以這麼建議，原因是一個孩子的問題行為，往往不只一、兩項，他可能有十項行為需要改進。

如果一口氣就規定十項行為都要改，而且做不到就要懲罰的話，對孩子來說，可能太困難了。這樣很容易引起孩子的反彈。

但是，若先列出會確實獎懲的兩項重點行為，把其他的列為觀察行為，單純給獎勵，孩子就不會覺得太困難。

舉例來說會比較清楚。小全有5個有待改進的行為缺點，第一是「偷錢」、第二是「罵髒話」，第三是「不寫功課」，第四是「髒襪子亂丟」，第五是「不做家事」。

一開始，小全的父母可以先將前兩項列為「重點行為」，後三項則列為「觀察行為」。並訂立以下的規則：

❶若有偷錢行為：打1下屁股，禁止打電動一週。如果願意做家事賺錢，每做一樣獎金20元（註：孩子想要得到錢，父母應該設法讓孩子有正面的賺錢管道）。

❷若罵髒話：每被記錄一次，扣當天打電動時間10分鐘。如果讚美他人的優點，可以記點換禮物（註：增強正向行為就會抑制負向行為的產生）。

❸若晚上8點以前把功課寫完，就可以獲得獎金10元。若未能達成目標，沒有獎金，也不會懲罰。

❹回家後，主動將髒襪子丟到洗衣籃，可以獲得10分鐘的打電動時間。如果沒有做到不懲罰。

❺主動幫忙做家事（如倒垃圾、洗碗、摺衣服等），每做一項有獎金10元。如果沒有做到不懲罰。

一般來說，「重點行為」父母會盯得很緊，孩子自然特別在意，行為也比較容易改變。「觀察行為」則因為做的好有獎勵，做不好沒懲罰，孩子多半也樂於接受。

父母利用這樣的模式，一來可以全面性的規範孩子的行為，二來又不會讓孩子覺得這些規則太難，而產生排斥。**一旦孩子的重點行為有明顯改善，父母就可以挑選其他的觀察行為，來做新的重點行為。**如此就能一步步矯正孩子個性了。

06

孩子總是把父母的話當耳邊風？

目標循序漸進，孩子願意照著做

父母想幫孩子矯正行為習慣時，原則上要從簡單到困難，別一開始就設定太高的目標，否則很容易失敗。

舉例來說，許多青少年一到暑假就沉迷網路遊戲，無法自拔。當父母想鼓勵孩子做些正向活動時，常跟孩子說：

「你怎麼不出門走一走，整天窩在家裡？」

「你怎麼不去上上電腦課或學學英文啊？」

說是父母在說，孩子多是「維持原狀」。

因為孩子已經習慣打電動了，要他去做其他活動相對複雜多了，他的內心容易產生抗拒：

「出門？如果要打球，找誰打，去哪邊打？真麻煩，算了。」

「上課？學什麼比較好？去哪裡報名？真麻煩，算了。」

把這些事丟給孩子，可能太複雜了，所以他們懶得嘗試。

父母不妨協助孩子，把事情弄得簡單一點。

希望孩子出門看看走走，就跟孩子直接約定，「今天下午〇點，我們一起去散步。散完步之後，去〇〇餐廳吃晚餐」。

這樣對孩子來說，就容易多了。因為他不用自己思考要去哪，要安排什麼活動，要跟誰一起進行等複雜問題。

希望孩子去上課進修，就在徵詢過孩子的意見後，幫他尋找適合的課程，然後帶他去上課。孩子不需多想，答應的機會就會變高。

一旦孩子的正向行為增加了（花了更多時間在從事正向行為），上網打電動的時間，勢必就會跟著減少。

父母也要從旁觀察孩子，當發現某項正向行為已經很穩固了，就再替孩子增加另一項正向行為吧！

再舉個例子。父母要孩子幫忙洗碗，被拒絕的機率往往高過願意去洗的。大概是「洗碗」這件事對孩子來說很繁瑣，容易產生抗拒。

這時，父母可以將洗碗這件事，變得簡單一些：先把碗洗好，只要孩子幫忙沖洗乾淨就好。因為要求簡單，孩子容易順從。若父母又有獎勵制度，孩子意願就更高了。

孩子年紀小時，父母就應該積極輔助孩子，讓他朝正向的生活發展。隨著他慢慢長大，輔助要漸漸地減少。父母可能會問：

「幫孩子做這麼多，會不會讓他缺乏自主性呢？」

「如果他自己不會想，我總不能陪他一輩子吧？」

這樣的擔心是有道理的，孩子總有一天要獨立面對生活。但父母必須了解，思考能力還不成熟的孩子，是很需要父母輔助的。孩子的心智像株脆弱的小樹，缺乏適當輔助，很容易就長偏長歪。

在這個容易「走樣」的階段，多幫他做一些準備是可以的。當孩子漸漸成熟，有了穩定的價值觀，自主性也會跟著出現了。

07

高標準只會讓孩子想直接放棄？

設定合理目標，孩子反而進步快

我遇過一個案例。一位媽媽常跟就讀高中的女兒吵架，吵架的主因是成績。幾次會談之後，雙方同意「只要女兒成績有進步，媽媽願意在管理上放鬆一點，讓女兒享有更多自由」。

但是，當討論到達成「什麼目標」才算有進步時，雙方意見又明顯分歧，幾乎快要吵起架來了。

媽媽相信女兒的潛力是足夠的，真要認真起來，考進班上前20名，應該很容易。但是，女兒目前成績是全班40人中的倒數5名，所以，女兒認為自己能進到30名，就算是大幅進步了。

我居中協調，認為媽媽的要求，的確太高。

於是，我問媽媽「你覺得她有辦法一次就考進前20名嗎」。媽媽想了想，覺得「一開始應該不太可能」。我便提醒她，**一下子設立太高的目標，只會讓孩子感到挫折。**

媽媽的確可以一直重複地說——「你的潛力不只如此，你可以做得更棒更好」。這句話表面上是鼓勵，骨子裡卻是貶抑。傳到孩子耳裡變成是——「我做得不夠好，媽媽並不滿意」。

為孩子設立「循序漸進」的目標，才是正確的作法。這讓孩子慢慢朝目標前進，只要向前一步，就應該給他獎勵。

舉例來說，可以設定「只要進步3名，就不再禁止看電視，也不管跟哪一個同學講電話」。這樣的目標聽起來吸引人，做起來容易，孩子稍微努力一下，就能達到了。這也可以增加孩子的自信。

待下一次月考，再要求女兒多進步幾名。當然，媽媽也要增加別的獎賞，以鼓勵孩子的努力與進步。

對比以上兩種方式，前一種在最初就設立了很高的目標，因而忽略了小進步，孩子只會一直達不到，聽著父母說「你的能力不只如此啊，再加油，你可以做得更好」。這些都讓孩子感到挫折。

後一種則是設立一個合理的目標，重視任何進步（不論大小），孩子努力達成，聽到的是「你進步了，做得很好，我要獎勵你」。這讓孩子充滿自信，他也會一直努力地往前邁進。

08

如何有效設定「增強物」菜單？

依孩子喜好程度，設立「獎勵點值」

父母想鼓勵孩子，除了要訂立一套執行規則之外，也要找出一系列可以增強（reinforce）孩子的菜單。

有的孩子喜歡電動，有的孩子喜歡炸雞，有的喜歡小玩具，有的則認為「晚一點睡」是一種福利。

不管如何，孩子喜歡的事物可能很多很多，父母不妨一一條列成清單，做為用來鼓勵孩子的方式。

清單列好後，要為這些獎勵項目設定「點值」。

例如，「獲得小玩具」的點值跟「看電影」的點值不相同，「打電動」的點值跟「看漫畫」的點值也不會一樣。

父母可以依據孩子的「喜好程度」設立點值。像是累積滿5點可以換一個小玩具，或打電動10分鐘，或看漫畫半小時。

父母設定的參考原則是，對孩子有益的事物，讓孩子盡量方便獲得（即點值設定低一點），對孩子無益的事物，則讓孩子比較難以達成（即點值設定高一點）。

擬好「增強物菜單」有一個好處，就是「孩子的選擇變多了，比較不容易對獎勵感到厭倦」。

試想，每次表現好，都只有「換小玩具」這個選項，久而久之，孩子也會覺得無趣，而失去集點的動力。

孩子因為逐漸成長而變化，對事物的喜好程度也會不同。給孩子自由選擇的機會，他總能找出自己最喜歡的東西。

要有效使用增強物（reinforcer），來鼓勵孩子的好行為，父母必需認真看待自己設定的規則。

如果規則訂是訂了，執行起來卻很敷衍很隨便，效果一定不好。又或者有的孩子即使行為不合格，卻懂得以耍賴的方式，要父母通融通融，給他獎品，一旦父母真的給了，孩子以後便知道以取巧的方式，來獲取獎品了。

一個獎品是小東西，價值不高。但是，孩子的人格養成卻是件大事情，這可是輕忽不得的啊！

唯有父母重視自己立下的規則，並確實執行，孩子才可以很快地了解——「努力付出，才能有收穫」。記住，讓孩子了解這一點是很好的，真實的社會也是依據這條法則在運作。

09

善用網路成癮能規範孩子行為？

用「點數卡」來管理孩子的上網時間

現今青少年沉迷網路世界，廢寢忘食，可讓不少父母傷透腦筋。其實，網路的吸引力本身並沒有對錯，重點在於父母如何管理。

很多父母常常念孩子，要他們少上網，卻沒有設定規範來獎懲。孩子當然一直玩，無法自我控制。

要改善孩子網路成癮，訂立清晰的規則，是很重要的。好的規範不但有效約束孩子上網，還能增進他的其他好行為。

下列是父母可以參考的網路使用範例。

父母要先製作多張「10分鐘點數卡」，每一張都可以換取10分鐘的上網時間。並且訂立以下的使用規則。

1. 沒有點數卡就不能上網。
2. 如果沒有點數卡而偷偷上網，初犯，扣除30分鐘的點數卡，並禁止上網三天。再犯，扣除60分鐘點數卡，並禁止上網一週。三犯，撤除網路或鎖住電腦。
3. 每天做完作業，溫習功課並抽考通過，才能使用電腦。
4. 每天網路使用不得超過1.5小時。超過晚上10點半不能使用，但假日前一天可以延長1.5小時。
5. 非經父母同意，不得去網咖打電動。如有這種情況發生，當週的零用錢減半。再次發生，零用錢會再酌量減少。

再來，訂定獲得點數卡的方式（依實際情況訂立）。

1 每天保持房間整潔，並且幫忙倒一次垃圾（1張點數卡）

2 早上自動起床，上學、上課不遲到（1張點數卡）

3 在學校表現良好，經老師在聯絡簿上註明（1張點數卡）

4 在補習班表現良好，經老師在聯絡簿註明（1張點數卡）

5 平時考90分以上（2張點數卡）、80分以上（1張點數卡）

6 段考進班上前5名（20張點數卡）、前10名（10張點數卡）

徹底執行上述條件，孩子就算每天都表現良好，最多也只能拿到90分鐘的點數卡，自然不會有日夜顛倒玩電腦的情形。

一來，孩子可以得到合理的上網時間，二來，父母也能夠藉此塑造孩子行為。這不就是一個親子雙贏的局面嗎？

要是孩子相當頑皮，完全不理這些規則，父母就用鎖住電腦或撤除網路來要脅吧。父母必須要能管得住孩子。而只要孩子在經濟上是依靠父母的，父母就有權力逼孩子接受規則。

10

什麼狀況下，非處罰孩子不可？

當孩子刻意要挑戰父母的權威時

孩子做的任何行為，只要是父母過去沒有明講規則，就不應該處罰。就像一個國家，如果法律上沒有明文規定，就不能夠定罪。

當父母看見孩子行為有問題，要糾正，並告訴他「以後再做，將如何處罰」。教過幾次後，孩子若再犯，父母才能處罰。

即使父母已經教過很多次了，也要留給孩子一些犯錯的空間。孩子畢竟是孩子，即使教過，他也可能忘記。

有些時候，孩子比較衝動，一時間想不起父母訂的「規則」。像這樣不小心犯的錯，都是可以被原諒的。

只有一種比較特殊的情況，是一定要處罰的，那就是「孩子刻意挑戰父母權威」時。通常是你要孩子做某事，而他刻意不去執行。

例如，你要求孩子收拾雜亂的房間，他就是不願意。這時，你可以這麼說：「我給你30分鐘。我等一下去看你的房間，如果還是這麼亂，我會扣你50元。」（註：「扣錢」指孩子要付錢給家長。實施這項懲罰的前提是，孩子得擁有一定數量的現金，如國小生存錢筒有一千元以上。父母平時大方獎勵孩子，讓孩子有賺錢的機會。當孩子積蓄變多，才能夠選擇這種方式來進行懲罰）

孩子也可能用一些「隱性」的方式，來挑戰父母的權威。例如，對你講話時大小聲、口氣不好、態度差……。

的確，這些都不會造成實質損害，可是父母不得不立即處理。「你不可以用這種語氣說話，跟我說『對不起』。」試著這樣告訴孩子。孩子願意道歉就算了，如果他堅持不道歉，你就要拉高層級說：「要是你不道歉，就站在這邊不准走。」

最糟的情況是，孩子根本不甩你。這就考驗著父母的心理韌性。如果是怯弱、缺乏信心的父母，多半任由孩子走掉。如果是有主見的父母，就會堅持下去，跟孩子繼續衝突。

在如此的關鍵時刻，有的父母會訴諸外在的力量來處理，這通常是沒用的。例如，叫親戚，叫老師，甚至叫警察來幫忙。這些舉動不僅沒有幫助，還可能造成反效果。

因為孩子拋出的問題是──「我覺得你沒有能力管我」。而此刻父母又向外尋找力量來幫自己管小孩，不正印證孩子的想法嗎？

我曾經與一位單親媽媽會談。她說她讀國中的兒子，總是對她罵三字經。她講道理、威脅要扣錢、要扣電腦時間，甚至要叫警察，這些都沒用。孩子對她的行為與態度依舊。

這個問題關鍵，就是「孩子在挑戰媽媽的權威」。這位媽媽必須正面接受挑戰，強硬地讓孩子知道——「我有權威可以管你」。

當然，不少父母會說：「孩子那麼大了，我也打不過他。」

我通常會反問他們：「你需要打得過他，才能管他嗎？」

只要孩子在經濟上是依靠父母的，父母都有辦法管他。其實，我了解父母講的那句話，並不是真正的理由。

真正的理由是，父母「捨不得」管孩子。

11

孩子「點頭說懂」就是真的懂？

柔性勸導易使孩子處於危險情境

有一些崇尚「自由教育」的父母，總認為「孩子可以了解許多事情」，所以，他們不願意斥責孩子，也不會打小孩。在這種教育下成長的孩子，多半變得固執己見，難以管教。

舉例來說，有個3歲孩子老愛去摸瓦斯爐的開關，父母三番兩次溫和地隔開他，然後對他說「喔，這個危險，會砰砰的喔」。但是，孩子的不良行為，依舊持續。

再例如，一個2歲大的孩子，堅持在巷子裡要自己走，說什麼都不肯跟大人牽手。父母順著他的意思，並時刻緊張地看護著，說「車子很多，你要小心一點喔」。

這些孩子因為父母不願責罰，往往「想怎樣就怎樣」，一切依自己的意志活動，因而常處於危險的情境中。這種教養模式，表面上對孩子仁慈，事實上對孩子殘忍。

為什麼這些父母總是順著孩子的意志呢？

我猜測，父母缺乏主見是主要原因。但是，另一個重要原因是：父母覺得孩子是「聽得懂的」。

因為覺得孩子聽得懂，所以認為「好好講就夠了，不用打罵」。柔性勸導時間一久，孩子不怕父母，也不再管父母講什麼了。

為什麼這些父母會覺得孩子是「聽得懂的」？

事實上，這是在親子的互動過程中產生的誤解。例如，父母問2歲的孩子「你想要麵包，還是飲料」，孩子說「飲料」。

這時，父母便以為孩子懂得選擇，心裡很高興。

別高興的太早了！當父母修改問句「你想要飲料，還是麵包」，孩子回答就會是「麵包」了。原來，孩子只不過是單純地重複最後兩個字罷了。但父母卻誤會孩子已經懂了。

不少父母跟孩子解釋什麼東西很危險、要小心，孩子聽得很專注，聽完還知道點點頭，問他懂不懂，還覆述說「懂」。

父母也認為孩子真的懂了。可是，如果孩子真的聽得懂，怎麼還不停止他的壞行為呢？

有父母會質疑我的說法——那怎麼解釋孩子會點頭說懂？

我的回答是，即使父母講的完全不合邏輯，是隨意拼湊的語音，孩子「依然」會點頭。他會點頭，不是因為他知道你在講什麼，而是他看到你的講話、表情與動作。等你問他「懂不懂」，他會說「懂」，只是覆述你句子的最後一個字罷了。

試想，3歲孩子會了解瓦斯的可怕？他知道吸進瓦斯可能缺氧？他知道瓦斯漏氣可能爆炸？而2歲的孩子會知道，街上奔馳的車可能對他造成重大傷害？

當孩子說「懂」時，大多數時候他是不懂的。父母要深刻體悟到這一點，然後以堅定的方式，限制孩子的危險行為。必要時，責打也是應該的。適度的嚴厲反而可以讓孩子避開更大的危險。

12 言語警告愈激烈，孩子愈不怕？

可執行的威嚇，有效管理孩子行為

管理孩子行為，「威嚇」是種有效方法。但就大原則而言，要讓**威嚇變得有效，一定要讓威嚇是「可執行的（executable）」**。

可執行的威嚇有很多，例如：

「要是你再開那個電燈，爸爸就要打你手心！」

「如果再跑來跑去，你就會被媽媽罰站！」

「媽媽數到三，如果你還不放下，就要打屁股了！」……

以上「威嚇」都可執行，自然會對孩子行為產生約束力。只要孩子違反規則，就立即執行懲罰。幾次之後，孩子就會知道「你是玩真的」，就會知道要收斂自己的行為。

面對難以管教的孩子，也有父母會選擇使用一些比較強烈的言詞警告來「威嚇」孩子。例如：

「你再吵啊，再吵的話，就叫警察來抓你！」

「如果你不乖，就把你送給別人好了。」

「要是你這麼不聽話，媽媽就不愛你了。」……

這一系列看似可怕的「威嚇」，往往缺乏效果。

而且一旦說多了，就會發現：

威嚇的言語愈是激烈，孩子的行為反而愈加惡化。

為什麼會這樣子呢？

理由很簡單。這些激烈的威嚇，都是無法執行的。

父母真會為了孩子的吵鬧不聽話，而把警察叫到家裡來嗎？或狠下心，把孩子送給別人、不再愛孩子嗎？

我猜，以上的答案，都是否定的吧。

正因如此，久而久之，孩子就會知道——「**媽媽（爸爸）只是說說罷了，根本不可能會做**」。之後不論你再怎麼講，孩子都不會怕。

在教育孩子的過程中，重複地威嚇孩子，卻鮮少付諸執行，必然會使父母的權威漸漸流失。長期下來，父母就無力管教孩子了。

13

孩子「當街哭鬧」時該怎麼辦？

堅定回應，讓孩子知道父母的原則

有一些孩子喜歡當街哭鬧，目的是要父母買玩具給他。

不少父母會因為受不了孩子的哭鬧而屈服，只好買給他。沒想到這樣的妥協，卻讓孩子愈來愈習慣用哭鬧方式來要東西。

深入分析，**當孩子哭鬧著要買某項東西，父母就買給他，孩子的哭鬧行為就像是被鼓勵一般，長久下來，孩子就會養成壞習慣。**

所以，這並不是正確的處理方式。

正確的作法是要「訓練孩子避免用吵鬧來要東西」。若孩子過去曾有哭鬧的行為，父母可在出門前，先預告孩子「要是為了買東西而哭鬧，我們就直接回家」。出門後，一旦孩子又哭鬧著要買東西，父母就帶孩子回家。過了幾次，孩子就會明白「哭鬧並不能得到好處」，反而得到很差的結果（回家）。如此一來，哭鬧行為自然會減少。

但是，上述的方式是個「兩敗俱傷」的方法。因為把小孩帶回家，大人自然也無法繼續逛街了。

若大人不想這麼做，也有其他的變通方式可以選擇。例如，若父母認為孩子的要求不會太過度，可以跟孩子說：「我可以買給你，但你必須停止哭鬧。半小時內不哭鬧，就買給你。」

要是孩子真能停止哭鬧，父母買給他倒是無妨。這樣一來，鼓勵的就是「不哭鬧的行為」了。當然，如果孩子無法達成要求，父母恐怕得犧牲逛街，堅定地把孩子帶回家。

當孩子提出要求的時候，父母要立即判斷。

覺得孩子的要求不合理（如「想買的東西很貴」）的話，就果斷地拒絕吧。如果孩子要的東西還算合理，也要迅速地答應。

這種模式將會讓孩子知道，父母的原則是清晰明確的，他就不會想再用吵鬧的方式，來達成目的了。

NOTE

善用獎懲 Tips

捨不得責罰孩子的父母，往往是將孩子推向危險環境的幫凶。

14

如何給孩子易懂好執行的指令？

避免4個給指令的錯誤說話法

父母想孩子遵從指令，就要避免以下4種錯誤說話法。

模糊的指令

「乖一點！」

「不要調皮搗蛋！」

「要守規矩！」……

「乖」「調皮搗蛋」「守規矩」等指令對孩子來說太模糊，他們往往不知如何遵從。應該改為比較具體的指令說法：

「不要在這邊玩！」

「請你坐好！」

「洗完澡再看電視！」……

問題式的指令

「你覺得房間這麼亂，心情會好嗎？」

「在客廳裡跑來跑去是對的嗎？」……

孩子聽了你的問句，發現自己不對而改變行為，當然很完美。但就我的觀察，能夠因此領悟的孩子並不多。父母反而更常聽到「心情很好啊」、「跑來跑去又不會怎麼樣」……。

終究，父母要擔起「領導」的責任，講出「我認為你的房間就是亂，我要你馬上整理」「在客廳跑就是危險，我禁止這個行為」。

冗長的指令

「麻煩你先去把玩具收拾好，再去把手洗一洗，還要記得要把房間的電燈關掉，然後來吃晚飯。」……

像這樣的指令對小孩子來說太長了，孩子記不住。不如把這一連串拆成獨立指令，孩子還比較容易遵從。

嘮叨的指令

「你為什麼要這樣子，到底要我講多少遍才要聽？為什麼我教你這個小孩這麼辛苦？你真的要把我氣死才甘心嗎？」……

父母下的指令愈是碎念嘮叨，就愈無效。這樣的說話方式，顯示出父母的管理缺乏效率。

要記住，最適當的指令，是愈短愈好，要具體、準確地讓孩子曉得「要做什麼」，例如，「把玩具收進籃子」「去洗手」……。

父母已經下達正確指令，孩子卻不遵守，就可以用「獎懲規則」來警告。可以說「如果不把玩具收好，今天就不能看電視」或「如果繼續玩，就要扣你10元」。警告後，再開始數「1、2、3」。

15

為什麼孩子的態度總是這麼凶？

父母的縱容換來孩子的不重視

「為什麼孩子會這麼凶？」

這個問題問錯了，這個問法誤導了解題的方向。正確的問題應該是：「父母為什麼讓孩子這麼凶？」

兩者的差別是，錯誤的問法暗示著，答案在孩子身上。而正確的問法，則把答案指向實際的關鍵——「父母」。

的確，孩子很凶會受到天生個性的影響。尤其，當孩子有過動、衝動的傾向，脾氣通常也會比較不好。

但我長期觀察下來，發現天生個性雖然有影響，但影響不大。**孩子態度很凶，最主要的原因來自於「父母的縱容」**。

縱容孩子的父母常會說「我真的管不住他」。

（孩子只是小學生，父母卻管不住？）

父母恐怕會開始為自己辯解，說「我道理講了又講，罵也罵了不少，有時還打。但孩子還是一樣啊」。

這些話，讓我感到很混淆——

「為什麼兩個大人，會管不住一個小孩子呢？」

我只好試著以邏輯來思考整件事情。

「一個三、四十歲的大人，會管不住小孩？」
「如果這個小孩是別人的，也會管不了嗎？」
「父母願意縱容別人孩子這麼多偏差的行為嗎？」……

我得到的答案是——

「**因為孩子是親生的，所以才會管不住**。我想，如果換成別人家的孩子，一定就管得住了吧。」

但父母為什麼還說，打了罵了都沒效果呢？

我想像在這些家庭裡發生的情況，問題點應是在於「父母的態度不夠強烈」。父母雖然禁止某些行為，但僅是「說說而已」。**孩子犯錯，父母姑息，孩子就不會當一回事**。而這些父母會打會罵，大多是忍耐很久很久之後才做的。

要是父母90%的時間都在姑息，只有10%的時間嚴厲管教，孩子當然不會重視規則。

父母若真要管束孩子，就要態度堅持且一致，要隨時隨地都管得住才行。而不是一直被孩子欺負，欺負到忍無可忍了，才痛打孩子一頓。這樣子的惡性循環，是得不到尊重的。

「孩子上國中後，比父母還高大，還能管嗎？」父母問我。我的答案是，「只要孩子經濟得依靠父母，就有法可管」。

「可是孩子在家大吵大鬧、摔東西，我管不住他，該怎麼辦？」父母再問。我要反問這些父母，「要是一個別人家的小孩，在你家大吵大鬧、摔東西，你會怎麼辦？」

16

當孩子的情緒激動時該怎麼辦？

把孩子帶離現場，用中斷法解除危機

孩子與父母起爭執、情緒變激動，父母往往慌了手腳——

「要用強力壓制孩子嗎？」

「要安撫孩子，讓他的情緒平緩下來嗎？」

到底使用哪一種方式，才能有效解決眼前窘況？

如果強力壓制，可能導致孩子更激烈的反彈。如果柔性安撫，又可能增強孩子的壞脾氣。

啊，好像硬的軟的都行不通，該怎麼辦才好？

我建議的作法是，不須以強力壓制，也不須柔性安撫，就單純地讓孩子與現場隔離就好。

父母要試著冷靜面對孩子，說「現在你回房間去，大家都不要再說了」，然後，就閉上嘴，暫時不要再講話。若是孩子不肯進房間，父母其中一人就帶著他進去。

孩子年紀比較大的話，父母可以多解釋一些，說「現在我們都太激動了，你先回房間，這件事等明天大家冷靜了，再討論」。

以上的處理方式，心理學上稱為「**中斷法**（Time-out）」。父母發現孩子情緒過度激動時，最好立即使用這個方法。

「現在我們都太激動了，你先回房間，這件事等明天大家冷靜了，再討論。」這個說法，可以傳遞兩個訊息給孩子：

1 父母不會在他情緒激動的時候，討論事情。

2 這件事情還沒結束，明天會再繼續討論。

藉由「中斷法」，父母展現的是不卑不亢的態度。

有些父母的觀念不太正確，認為「一定要想辦法把孩子的氣焰壓下去，不然以後就無法管教了」。

這個方式可能有效，也可能無效。用在某些孩子的身上，也許他們的情緒尚穩定，父母凶起來，他們可以變得順從。但用在情緒極度不穩定的孩子身上，父母凶起來，他們反而會像炸藥一樣，加速爆炸。

一旦孩子爆炸了，最後輸的通常還是父母。因為父母多半還有理性，孩子則是一爆發後，什麼都豁出去了。

17

在家裡，體罰孩子是必要之惡

「體罰」到底需不需要存在呢？

體罰到底需不需要存在，是個挑動社會敏感神經的議題。

我想從一個小故事談起。

有個過動小孩阿成，可讓父母頭痛了。在學校霸道、欺凌弱小，在家老對父母發脾氣。阿成父母堅持「愛的教育」，重複使用淺顯易懂的話，跟阿成講道理，也說了很多故事給他聽。只是，講的再淺白再多，孩子還是一樣讓人頭痛。

阿成父母採取柔性獎勵制度──「只要行為表現好，就可以得到獎金或禮物」。起初，阿成表現真有變好，但一陣子後，又故態復萌。甚至，因表現差被父母取消禮物時，還大哭大鬧。父母只好用強硬方式，要他罰站、面壁思過、回房間關禁閉。無奈阿成一點也不怕。

阿成上了國中以後，在學校更凶了，連老師也敢欺負。有一天，他公然向老師頂嘴，還把東西朝講臺丟。老師氣的要記他過。

父母緊急把阿成帶回家，說了一番大道理給阿成聽。阿成自己也有點嚇到，隔天乖乖地跟老師道歉。之後，阿成乖了一個多禮拜。過了那禮拜，他又回復到原始狀態。學校裡沒有人管得住他。

隨著阿成上了高職，父母也愈來愈怕他。阿成結交了幾個個性相近的朋友，常常去喝酒、飆車、破壞公物。終於有一天，阿成那群人因為性侵國中少女，而被關進了少年監獄。

到了監獄，阿成還想當老大。結果，被老師狠狠打過幾次屁股，他終於變乖。他這才了解「還是有人可以管住我的」。

這是他人生的轉捩點。

這個故事是真的。我也相信，類似的情節在社會上的許多角落不斷重演著。許多臺灣父母相信流行的教育觀念，認為「愛的教育」才是絕對王道。所以，即使孩子出狀況，父母還是難以改變。

我必須要說，相信光用「愛的教育」可以教出人格正常的小孩，跟相信光用「嚴刑峻罰」可以教出人格正常的小孩，一樣荒謬。

教育充滿變化，每個孩子個性都不一樣。有的文靜，有的好動。有的大方，有的自私。有的衝動，有的膽小。

怎可能會有一套任何孩子都適用的教育法則?而這套法則，還只用一句簡單的話交代——「愛與關懷」。

在臨床會談上，我曾遇到一些父母跟我說「因為管不住孩子，只好要求學校老師對孩子嚴厲，該打就打」。

這真的是開玩笑，父母自己都不敢體罰孩子了，老師怎敢下手？何況臺灣中小學老師但求不被學生打就好了，哪敢打學生啊？

這群孩子就在愛的教育之下，橫行於社會之中。他們認為自己無所不能，誰也不敢對他們怎麼樣。直到他們碰觸法網，他們才會曉得「有一股強大的社會力量，可以修理他們」。這樣的孩子，後來回頭向善的不少。但是，繼續向惡的也不少。

這樣的孩子，這樣的故事，是社會的悲劇。

我總是思考著，這些孩子的命運，在哪一個關鍵的時間點是可以逆轉的呢？**最關鍵的時刻，應該是「12歲以前」**。

「12歲以前」的孩子，肢體力量小，父母管得住。這時的矯正過程，就像是種樹一樣。小樹苗長歪了，稍微的支撐一下，就能調整回來。要是錯過關鍵期，孩子偏差個性成型，以後要矯正就困難了。

回到最初的議題「體罰到底需不需要存在」。

我認為，社會進步至此，在學校完全禁止體罰是正確的。但**在家中，父母面對極度頑劣的孩子，體罰是必要之惡。**

「兵者不祥之器，非君子之器，不得已而用之，恬淡為上。」我覺得老子這句話，非常適合用來闡釋「體罰」。老子想表達的是，「戰爭是不吉祥的，非君子該採之手段。但天下混亂、逼不得已時，還是要用。惟記住，使用時態度要平穩冷靜」。

父母在運用體罰時，應該把老子的話視為綱領。

體罰是逼不得已而用之。如面對孩子持續出現的偏差（註：限品行相關行為），父母逼不得已才打一下。一下就夠，不應該更多。

父母體罰時的態度要冷靜，而不是歇斯底里。歇斯底里的情緒會讓孩子感覺──「爸媽不是因為我做錯了而打，只是在發洩情緒」。

我聽過蠻多「相信愛的教育」的父母，平時總跟孩子講道理，只是孩子不但講不聽，還會故意挑戰父母的極限。父母直到有一天忍不住了，就會失控地打了孩子一頓。

這種模式很不好。第一，偏差行為在大部分時候是被容忍的，這會讓孩子以為「這些行為都沒問題」。第二，父母情緒失控、抓狂亂打時，則讓孩子感覺「爸媽心情不好借題發揮，不是我做錯事了」。第三，威嚇時間太短，沒有給孩子緩衝期去學習控制自己的衝動。

理想的做法是，當孩子出現偏差行為（如一直欺負妹妹），父母要嚴厲警告。若孩子不聽、再犯，父母得提高聲調，威脅「再一次就要打他」。要是孩子繼續如此，父母就用中等力道，打一下孩子的大腿。然後，警告他不要再犯。一般來說，父母這樣做，孩子就不敢再犯了。因為他會知道「爸媽是玩真的，不是嘴巴講講而已」。

為什麼「打一下」就夠了，不是打到讓孩子會怕呢？

「打一下」的目的，除了讓孩子會害怕外，更重要的目的，就是要傳遞一個訊息給孩子：我是你的父母，我有權威管你。

重點是成功傳遞這個訊息，不是要讓孩子感到驚恐。因此，打一下就夠了。打超過一下，就代表父母情緒已經失控。

崇尚自然的老子之所以說「逼不得已，還是要用兵」，是因為他看見人性的惡。人性雖有良善可愛的一面，但也有掠奪邪惡的一面。一個沒有武器保護的國家，必然成為別人掠奪的對象。

世界上，有哪一個國家會「主張自己崇尚和平，而完全不準備武器」的呢？這個國家只會被笑太天真。國家棄絕武器會被笑天真，那麼，父母在親子教育過程中棄絕武器，是不是也太天真了？

18

只要打小孩，就是父母的罪過？

有限體罰導正孩子的失控行為

有太多父母因為情緒問題，打小孩出氣，這是很大的罪過。時代進步至今，即使為了督促學業而打小孩的，也是落伍了。

但那是不是意味著「體罰應該完完全全被禁絕」呢？我認為是很不恰當的。在學校可以，但在家裡不行。理由是，這將使某些行為偏差的孩子，更加地失控。

父母要執行體罰的情境，就是孩子相當頑劣、有品行相關的問題時。例如，孩子會欺負他人、對大人態度惡劣、偷竊、說謊等。但執行的方式必須嚴格限制，避免大人情緒失控。

我提出「**有限體罰**」概念：當孩子有品行問題，父母勸不聽，重覆威嚇也不怕時，父母可以打一下孩子的手心或大腿。目的是要讓孩子知道「父母有能力管他」。

運用「有限體罰」，父母得謹記以下原則：

1. 僅針對孩子的「品行問題」進行體罰。
2. 只有在孩子非常頑劣，重覆威嚇都不聽時才執行。
3. 用中等力道打一下孩子的手心或大腿就夠了。

在上述的條件下，我支持教養可加入「有限體罰」。

19

打得愈凶狠，孩子就會愈聽話？

漸進式的體罰，孩子更容易懂

許多父母常會抱怨，孩子怎麼講都講不聽。好好地講、讚美他，沒用。生氣的講、威脅他，前幾次可以，後來也失去功能。孩子依舊堅持他自己的想法，讓為人父母的很頭大。

上述問題在「堅持不體罰」的家庭會特別嚴重。為什麼？因為，不管父母講得再怎麼凶狠，最後，孩子還是會發現「什麼事都沒發生啊」。幾次之後，孩子就不再怕父母的威脅了。

針對此情況，我建議，**在說理無效後，要漸漸提升威嚇的層次，逼不得已，就執行「有限體罰」。**

例如，小秉吃飯喜歡一邊吃一邊玩，偶爾大聲唱歌，偶爾東跑西跑。這時，父母從最溫和的層次開始，嚴肅地告訴小秉，「吃飯時不可以亂跑，快回來坐好」。要是小秉不照辦，父母就要進到第二個層次，說「再不回來，我就要處罰了」。若小秉還是不聽話，就進到第三個層次：「罰坐」幾分鐘。

當然，不會每個層次都順利，最糟糕的情況可能在此刻發生——孩子根本不甩你，不肯罰坐。怎麼辦？

父母可以說：「現在我會數『1、2、3』，你再不坐好，我就要打手心了。第一下我會輕輕的打，第二下就會很用力了。」

當父母從1數到3了，孩子依舊如此的話，就要真的打一下孩子的手心。然後，加上一句：「下一次，我就會打很大力了喔！」

由於你真的執行懲罰（雖然打得不重），孩子就會收斂自己。若孩子繼續調皮搗蛋，第二下就要重重的打。讓孩子知道父母沒有在開玩笑，幾次下來，孩子就會聽話。

管教孩子，要有漸進的層次，並隨著孩子的固執程度，慢慢升高層級。也要配合數「1、2、3」，讓孩子有機會練習控制衝動。

許多父母的管教方式，恰好相反。平時不處罰，從開始的說理到罵，到最後連威脅利誘都失敗，才忍不住狠狠打一頓。這個方式是不對的。孩子無法從中學習自我控制。

教育孩子，體罰是必要之惡。但體罰是「逼不得已而用之」，必須是有限度的，不該是父母發洩情緒的管道。**父母也會發現，一旦建立了權威，管教得當，體罰反而很少用到。**

20

為什麼懲罰的一致性非常重要？

不一致的態度，讓孩子弄不清對錯

有些父母對孩子的教育缺乏深思，常會有執行不一致的狀況出現。**前後不一致，會讓孩子難以體認問題嚴重性。**

我舉個例子。有個小六男生老愛偷看媽媽洗澡，這問題行為斷續出現已有半年多了。媽媽的反應時而冷靜，時而激烈。

冷靜時，媽媽會告訴孩子不可以這樣，叫孩子多去運動。但媽媽心情不好時，便會歇斯底里地大叫、罵他、抽打他。

媽媽態度差異會讓孩子摸不著頭緒：

「媽媽討厭這種行為？那為何有時又姑息我？」

「媽媽接受這種行為？那為何有時如此憤怒？」

理想的作法應該是，母親在經過深思之後，擬定規則來規範孩子的行為。每次犯錯都給予相同懲罰。孩子很快就會了解「媽媽的態度是一致且堅定的」，他自然會尊重規則。

執行過程不只處罰要一致，連表情、態度也要一致。千萬不能因為當天的心情還不錯，就一派輕鬆地回應。也別因為當天的心情較鬱卒，就使用比較嚴厲的措辭。

父母想禁止孩子某些行為，一定要把規則講清楚，並確實執行。偷大東西跟偷小東西的懲罰相同，因為都是偷竊。撒大謊跟撒小謊的懲罰相同，因為都是撒謊。**規則嚴明，執行確實，孩子就會遵循。**

21

我都照做了，為什麼獎懲無效？

診斷無效獎懲模式的5個準則

獎賞已經太飽足了

例如，父母要孩子每天晚上七點之前寫完功課，如果達成目標，就有10元的獎金。只是孩子往往不為所動，因為他每一週的零用錢有300元，這10元的獎金，根本吸引不了他。

目標太難，獎賞得之不易

例如，父母答應孩子「每次段考都可以考進班上前三名的話，國中畢業時，就可以獲得一輛很好的腳踏車」。對孩子來說，這個獎勵很吸引人，但目標卻太難達成，孩子自然不願意努力。

沒有確實執行獎懲規則

例如，當孩子違反規則，父母依規要進行懲罰的時候，孩子大哭大鬧、耍賴撒嬌，而父母無法堅持。久而久之，這些規則便形同虛設。在這樣的情況下，有規則比沒有規則更糟。有規則卻無法確實執行，正是凸顯父母缺乏權威。

獎懲的規則被人破壞了

例如，父母依規要處罰孩子時，孩子的祖父母卻站出來阻擋，導致無法順利執行處罰。數次之後，孩子哪還會怕父母的規則？又或者，孩子表現不好而得不到獎品，但祖父母卻私下給他獎品，這也會讓孩子不再尊重既有的規則。

父母不把獎懲當一回事

這可以說是導致「獎懲無效」，最常有的現象。要矯正孩子的問題行為，本來就需要細心的規畫與耐心的執行。無奈許多父母總是希望省事，最好一蹴可幾。以為隨便訂個規則，說一些獎懲辦法，然後孩子就會改變了。這實在是太過輕忽問題。

在處理孩子的問題行為時，父母需要用心投入，看看孩子喜歡的事物是什麼、討厭的事物又是什麼，詳細擬訂計畫後再執行。

執行過程也要花心思去思考、修正，並克服種種困難。**父母應該要了解，唯有自己認真看待獎懲規則，孩子才會跟著重視。**

PART D

值得省思的個案分享

從事心理治療師超過十五年，我常遇到上門「求救」的個案。有媽媽自己來的，有爸爸跟著來的，也有把孩子一起「拎」來的。

我特地把經常出現的類似個案統整，並將我曾給予的建議與協助文字化，這些或許都可以作為父母在教育（教養）上的參考。

另外，近年來患有「注意力缺陷過動症（ADHD）」的孩子愈來愈多，因此我也收錄數則「過動兒」家庭常有的疑問及迷思。

期待這個章節所舉的個案、相關建議，能為身處教養困惑中的讀者們，開闢一條更為平坦的道路。

01

無法堅持原則的教養就是「寵」？

愈寵，孩子未來面臨的困難愈大

一位過動兒的媽媽，對孩子相當保護，捨不得讓他吃一點苦。她孩子才2歲，活動量卻大得驚人。深夜時分，還爬上爬下，到處按開關。媽媽一直勸孩子安靜下來，但孩子根本不聽。玩累了，孩子步態不穩，在某次跨過床頭的時候，跌了一大跤，滿臉是傷。這位媽媽懊悔難過，卻也不知道如何處理才好。

另一位過動兒的媽媽也愛孩子，但她的教法相當不同。她明白孩子這麼小，講道理肯定講不通，在她認為孩子應該安靜時，就會直接執行懲罰。若深夜孩子還爬上爬下，媽媽看到就打一下小腿。孩子很快就不敢了。孩子雖然還是晚睡，但並沒有發生過什麼意外。

對比上述兩個例子，同樣是對孩子深厚的愛，前者沒有智慧，只是一味寵讓，反而使孩子陷入危險，後者則是堅持執行懲罰的原則，成功地保護孩子。兩種教育方式的差別，值得深思。

從過去會談經驗，我得到相同印證——「**寵孩子就是害孩子**」。不少青少年自私自大，追究其原因，才知道大多是來自家長百般寵愛、應允他各項要求。這讓孩子難以忍受挫折，因為他已習慣「每個人都配合他」。長久下來，他會變得無法承受他人的拒絕。

養成這種個性對未來是好是壞？設身處地想一下，就能知道。

假設你是這孩子身旁的人，同儕、朋友或上司、主管都好，你會願意忍受這種個性嗎？若這個孩子遇到個性類似的人，他受得了對方嗎？我猜，以上問題的答案，都是否定的。由此可見，這樣的孩子未來要面對的困難很多。

現代父母生得少，全心照顧，捨不得罵。也由於經濟情況改善，容易答應孩子提出的各種要求。因此，脆弱又自我的孩子大量出現。

當孩子因為個性問題而遭遇挫折時，他就來到一個轉折點。好的發展是，孩子痛定思痛，改變了自己，重新融入社會。壞的發展是，孩子認為「都是別人不好」，而與社會起了更大的衝突。

仔細探究，父母之所以寵孩子，無非是出自於愛。

父母付出那麼多的愛，若反而導致孩子無法適應社會，那真是令人惋惜。當然，也有家長會反駁我。他們說：「我並沒有故意要寵孩子啊！我只是不忍心處罰他而已。」

我常常都是這麼回答：「**在孩子還沒有判斷是非的能力，當他做錯事，你又不願意執行處罰時，就是在寵他了。**」

02

不須經歷困難磨練的孩子最幸福？

被過度保護的孩子永遠長不大

有位剛從牢裡假釋的中年人，因為家人的期待，前來接受心理諮詢。這位中年人因為再三偷竊，進出監牢多次，在牢裡度過的歲月，累積下來近10年。他這次出獄，已經年屆45歲了。

心理諮詢的過程中，他說起自己過去的生活，主要的模式就是去聲色場所花錢玩樂，沒錢了就去偷。偷久了，總會被抓到，進監牢。出獄之後，同樣的模式繼續出現。

這樣的生活模式是怎麼形成的？

原來他從小就因為父母疏失，導致一眼失明。父母對他有一份很深的愧疚感，加上他又是家中獨子，父母更是百般的寵愛。不只是金錢上充裕供應，任何事更是不斷包容。即使他經常進出監獄，家人還是想盡辦法，希望能讓他在牢裡好過一點。

家人的態度，使他從小就覺得自己很了不起。事實上，他的能力不好，加上好逸惡勞，一份工作要持續半年都有問題。

正常情況下，這樣的孩子會因為社會磨練而改變想法，例如，沒錢了，被人們所輕視，或進監牢後感到生活不便……。

但是，這些痛苦與磨練都被他的家人擋下來了。這使得這個中年人，從來不覺得自己人生有什麼問題。

家人的縱容讓他與真實脫節。

這次準備出獄之前，這位中年人還天真地以為，要找一份工作餬口是容易的。直到出獄之後，求職過程到處碰壁，他才隱隱約約地了解，自己的人生已經浪費了。

這樣的悲劇，他的父母要負很大的責任。父母的過度保護，導致孩子不曾吃苦，虛度人生。

這件個案，讓我深深地領悟，寵愛只會害了孩子。

許多父母認為社會殘酷，基於愛護孩子的立場，要給他最溫暖舒適的環境。卻不知，這反而讓孩子本有的適應能力萎縮。

人生道路上，的確有不少的風險與痛苦。父母可以在「知識」上教導孩子，讓孩子有所準備。

當真的遇上這些問題時，別急著保護孩子，反而要讓他切身去經歷，嘗嘗酸甜苦辣。沒有經歷這些，孩子是不會長大的。

03

「寵子不孝」全因孩子不知感恩？

悲劇的形成，父母的責任很重大

因為工作關係，我聽過不少親子間的故事。其中，「自小備受寵愛的孩子，最後卻對父母不孝」的故事，相似的程度令人驚訝。像是炫中的故事，或許可以作為父母教育上的參考。

炫中是家裡的老么，也是唯一的男生，他有三個姐姐。炫中從小家中資產充足，想要什麼就有什麼。

媽媽對待炫中和三個女兒的方式很不一樣。

炫中的三個姐姐每天都必須分擔家事，做不好還會挨打挨罵。而炫中不用做家事，自小舒服度日，在家人的寵愛中過生活。炫中相信「只要是他想要的，所有人都要讓他」。

炫中的學業成績一向不是很理想，但父母怕他太辛苦，也不怎麼要求他。炫中勉勉強強讀到高職，就不想再念了。而他的三個姐姐書倒是讀的不錯，都有讀到大學畢業。

家裡的環境，讓炫中養成自大的個性。這使他不容易交到朋友，來往的多是酒肉朋友，如果不是他常慷慨請客，根本沒有人想跟他當朋友。表面上很自大的他，內心其實自卑的很。

因為家裡給得錢多，炫中會的玩樂方式就多。他不願意工作，因為他花的錢比薪水還多。

他想著要一步登天，但每次莽撞地投資，只是讓家中經濟更糟。漸漸地，家中環境大不如前，周遭親友也開始斥責他。

直到40多歲，炫中還無法獨立生活。奢侈的用錢習慣，讓他一直處於缺錢的狀態。當父母沒錢給他時，炫中就會大發脾氣，惹得媽媽落淚。三個姐姐看不過去，只好私下拿錢幫忙。

在嚴格的教養下，三個女兒卓然成材，對父母孝敬有加。在寵愛的教養下，唯一的兒子卻驕奢成性，一事無成。

許多人聽到這類的故事，會怪炫中不知感恩，因為父母把最好的東西都給他，他卻如此不孝。

我覺得這樣的指責，對炫中不公平。炫中沒有因為父母的寵愛而過著幸福的日子。他從小被寵愛，活在扭曲的世界中。

這種扭曲的環境，讓炫中能力萎縮，無法面對社會。當他年紀愈大，就愈清楚自己的無能。在這種感覺折磨之下，一個人怎麼可能快樂得起來？當他過得不快樂，最該責怪的人是誰？

若不加以深思，多數的人總覺得「寵子不孝」的故事中，錯的是那個不孝子。我卻認為，父母才是真正犯錯的人。他們在孩子心靈最脆弱的時候，用溺愛來傷害他，讓他變得自大又無能，一生痛苦。當孩子過得痛苦，怎麼還會對父母感恩？

04

孩子偏差的價值觀，怎麼養成的？

大概都是孩子從父母身上學來的

有個20歲年輕人，他在學校成績優異，人際關係也沒有大問題，只是思考上顯得比較自我。最近，他正在向父母要一輛要價將近10萬元的機車。其實，這位年輕人已有輛一二五機車，而且才騎兩三年，幾乎是九成新。但他仍希望換一輛更好的。

一來，他覺得父母負擔得起，二來，他覺得自己「以前也沒要過什麼」。所以堅持要買，認為「這個價格並不貴」。

年輕人的父母雖然覺得「一個大學生不需要這樣的花費」，卻願意有條件地買給他。條件是「考上研究所」。

年輕人覺得這是父母的拖延戰術，明明以前承諾過要買，卻一直爽約。他不願等到那個時候，更何況，他根本不想考研究所。

父母的堅持讓年輕人感到相當地憤怒。為此，曾經數次與父母激烈爭吵，甚至亂摔東西，想藉此逼迫父母同意。

對此，父親的態度強硬，認為孩子的這種態度不能縱容，堅持不給。母親則是相當痛心，完全不知道該怎麼辦。

年輕人一心就只想著，「明明家裡付得起」、「爸爸去打牌，輸贏的金額更大」、「家裡公司給員工獎金，比買這個還多錢」……。所以，他很難理解，為什麼他只要求這個東西，卻被百般刁難。

以我來看，這個問題的癥結，在於年輕人的價值觀已經有了偏差，而此偏差大概來自於父母的錯誤示範。

當父親帶給孩子「牌桌上的輸贏，一個晚上就是好幾萬」的印象時，孩子自然會覺得「10萬元根本沒什麼」。

常聽到有人說「富不過三代」，這往往跟孩子的價值教育有關。

第一代白手起家，辛苦地掙錢，賺多花少，錢財自然會累積。一旦存到了錢，生活品質隨之提升。

第二代從出生就享受好的生活，總覺得「優渥的生活」是理所當然。於是，形成不想努力工作，卻喜歡享受的個性。

再到第三代，驕奢的習性更加嚴重，錢財流失的速度，遠不及賺錢的速度。自然而然就走向貧窮了。

要培養孩子正確的價值觀，父母的身教更重於言教。試想，父母若喜愛奢華，孩子怎麼可能會節儉呢？

05

用相同標準教每個孩子才算公平？

要因應孩子的獨特性格因材施教

有個就讀國小二年級的女孩子，因為常常莫名其妙的大哭，被媽媽帶來尋求諮詢。媽媽陳述，這個女孩子只要姐姐比她早起，她就會大哭大鬧，而且非常難以安撫。

數次會談後，我發現這個小女孩對於姐姐存在很強的競爭心態。

小女孩不善言詞，大人問她一句，她往往要想很久才回答，回答的內容通常也比較簡單。相對的，姐姐比她搶眼多了，表達流利，個性外向，跟父母的互動機會自然較多。看在小女孩的眼裡，她認為父母比較喜歡姐姐，不喜歡她。

起初，爸媽不太了解小女孩的個性，互動時也缺乏耐性。媽媽總會急躁地問：「妳到底要不要說。」

這一問，小女孩更不敢講話。長久下來，她在媽媽面前變得很退縮。有時候，小女孩跟姐姐同處一個場合，看著姐姐流利地跟媽媽對話，而她自己則是半天講不出一句話來，就莫名大哭起來。

我了解問題後，向媽媽解釋小女孩和姐姐的個性差異大，不能夠用同一種方式來教導。對表達能力佳的姐姐也許能要求即時回應，但對小女孩則應該耐心等候。

我建議媽媽，要常常擁抱孩子，並每天安排15分鐘跟孩子單獨講講話。耐心等候孩子反應，一旦孩子回答，就大大讚美她。

當姐妹處於同一場合時，媽媽也要適時制止姐姐一直搶話，以免妹妹感覺被冷落。我也建議，媽媽要訓練姐姐，等妹妹說完話之後，再一起讚美她。

在這位媽媽執行新的互動模式、對小女孩更有耐心後，這個孩子變得喜歡跟媽媽親近、講更多的話。她臉上的笑容也增加了。爸媽看到孩子的改變這麼快，也覺得很高興。

每個人天生的氣質都不同，孩子當然也是一樣。父母應該要調整自己的態度，去因應孩子獨特的個性。

對文靜的孩子，要有耐心、多讚美；對於好動的孩子，則要設立原則、賞罰分明。孩子若是猶豫不決，父母要鼓勵他果斷；孩子若是衝動急躁，則要鼓勵他三思而後行。

即使是同一對夫妻所生的孩子，個性也可能差異很大。父母得靠觀察去了解孩子，進而使用適當的方式，因材施教。

06

如何調適孩子事事搶第一的心態？

教孩子建立「跑馬拉松」的精神

有一位女士因為自我要求完美，而活得很不快樂。不管什麼事情，她總要求自己全力以赴，常常超時工作。起初，她的業績跑在前面，但這樣的成果是精神緊繃換來的。時間一久，她的心力耗竭，憂鬱與焦慮開始攻擊她。她變得自我懷疑，做什麼事都沒心情。這種狀況一直惡化，直到她對自己信心全失，陷入嚴重的憂鬱。

跟她會談多次之後，我們談到了她的工作哲學。她問：「用盡全力去做一件事情，不對嗎？不是大家都應該這樣做事嗎？」

「對或錯取決於妳的感受。**要是盡全力工作，卻深感日子過得很緊繃，那這是錯誤的。但若妳盡全力工作，感覺每天很充實，不太有緊繃感，那麼這個模式就是對的。**」我試圖開導他。

「你的意思是，做事可以不用盡全力嗎？」她不太理解而反問。

「對。」

我嘗試解釋地更清楚一點。

「不管是工作、學業或人際關係等，都要長期經營，才會有成果。很少人可以透過幾個星期或幾個月努力，就得到好結果。

「這些領域的經營，就像在跑馬拉松。想要用衝百米的速度來跑馬拉松，當然很快就沒力了，哪還有辦法跑到終點啊！

「遇到這種情況，用80分的力氣來跑，才是盡了全力。用100分的力氣，就是錯誤的跑法了。」

這位女士求好心切、競爭心強，跟現代孩子有點像。

現代社會裡的孩子，常處於競爭狀態，不論是在學校、補習班，甚至家裡，每天的心情都很緊張。

一旦自己的表現不如他人（同學、親戚，甚至手足），孩子的內心就會出現強烈的焦慮感。這些過度的焦慮對孩子有害無益。

父母應該教導孩子建立「跑馬拉松」的精神——勤奮，但不過度逼迫自己。每天有每天的進度，長期下來就會看到好成果了。

NOTE

善用獎懲 Tips

當孩子做錯事，父母卻沒有處罰，是在寵他，也是在害他。

07

如何導正孩子扭曲的「用錢觀」？

孩子體驗缺錢苦，就知道錢的價值

「為什麼我的孩子已經二十歲了，卻一點金錢概念都沒有？」聽著這位媽媽的描述，實在連我都覺得擔心。一個月手機費一萬多元，孩子不覺得多。一模一樣的東西買貴了，也不覺得心疼。

縱然爸媽一再耳提面命，「錢難賺，省著點花」，他只是覺得煩，從不見改善。當爸媽忍不住念他，他還會反駁說：「我至少沒有像壞學生那樣做壞事！」

的確，這孩子本性不壞。與人相處時內向、退縮，就讀知名大學研究所，智能良好。在外人看來，他就是一個很乖的孩子。

唯一比較讓父母感到擔心的，是他似乎不太懂怎樣在社會生存，而「缺乏金錢概念」就是其中一個大問題。

在我跟這位年輕人，還有他媽媽會談多次之後，才漸漸發現，孩子的個性會變成如此，跟父母的教育方式很有關聯。

這位年輕人的父母對他相當保護。從小到大，父母給的觀念就是「專心讀書就好了」。於是，父母幫他移開所有困難，他任何事都不必擔心。長期下來，孩子變得什麼都不懂，也不想去了解。

「缺乏金錢概念」的問題，差不多也是這樣養成的。年輕人到外地讀書後，父母幫他開了一個帳戶。沒錢了，父母就匯錢進去。

不只如此，手機費由父母繳，網路、房租、水電費等各項雜支，都由父母一手包辦。在這種模式下，孩子要怎麼學到金錢觀念？

父母對孩子的愛非常深厚，才會無微不至的照顧。但過度的照顧到最後，卻讓孩子無法適應社會。真是可惜。

父母該怎麼「愛」孩子，才不會害了他呢？

幫他做好所有的事情？這一定是錯的。在這種環境下長大，孩子多半相當脆弱。孩子想要適應社會，一定要經歷適度的磨練。

想讓孩子學習金錢觀念，一定得從「了解缺錢的痛苦」學起。在豐衣足食的狀態之下，孩子不可能體會到資源的可貴。不曾因為缺錢而痛苦，也不會了解金錢的價值。

「快樂是從吃苦中得來的。」我覺得這句話很有道理。

一個人為了追求快樂，天天享受，到頭來反而會覺得沒什麼，並不覺得快樂。相反的，一個人願意吃苦，吃慣了，反而覺得不苦，偶爾有點小享受，快樂還會加倍。

人的心靈成長，似乎也有類似的現象。一個人愈是害怕痛苦與挑戰，他就會變得脆弱，反而愈容易痛苦。一個人愈是敢於面對痛苦，他反而變得更堅強，也更容易快樂。

08

無法兼顧時，該重品德或重成績？

好品德是立足社會的重要關鍵

一位媽媽向我抱怨她的孩子常撒謊，尤其成績考差時更嚴重。只要問到成績，孩子就會編出一堆故事來搪塞。又或是謊報分數、說老師突然說不考試，甚至連塗改成績都敢。

孩子的這些行為相當頻繁，即使媽媽嚴厲斥責，孩子依舊說謊。媽媽無法改變孩子，因此前來接受諮詢。

我與孩子會談後，找到問題的關鍵——「這位媽媽相當在意孩子的考試成績」。在某些特定的科目上，只要成績不達標（80分），孩子就會挨打。針對這些有被要求的科目，孩子的說謊情形嚴重，但對於其他的科目，孩子幾乎不曾說謊。

我在與媽媽會談時，強調「孩子說謊可能是為了逃避懲罰」。媽媽也同意，但她依然認為「孩子要逼才會進步」。

我建議，既然這個要求孩子難以達成，父母就應該考慮調降標準。否則孩子不能達標，只會持續用說謊來避免挨打。這位異常重視成績的媽媽，聽了我的話，只是微微點了頭。

我繼續告訴她：「品德與成績若只能選擇一項來改善，選擇品德是比較正確的。畢竟，孩子的成績可以透過努力而進步，然而品德只要有些許偏差，想要矯正就很困難了。」

我請媽媽「鼓勵孩子說實話」。即便孩子報出來的成績不理想，媽媽也該和顏悅色地讚美他「很誠實」。要是考不好、說了實話，卻換來打罵，換做任何人也都會選擇說謊吧！

「孩子的品德與成績都要好」，這是大多數家長希望的理想狀態。不過，當兩者無法兼顧時，好品德是比好成績重要多了。品德好的人，做起事來實實在在，即使能力普普通通，總能在社會上、團體中立足。

我就曾經會談過一位二十幾歲的年輕人。他能力普通，動作也不快，但始終有著樸實的個性。雖然換過好幾次工作，最後仍找到一個良好的環境，有了一個穩定的工作。

我也看過不少聰明人，在校成績優異、出社會後能力極佳，但因為品格上的瑕疵，成功往往很短暫，總是以悲劇收場。

擁有良好的品德，就像紮紮實實地蓋房子，也許蓋得比較慢，但基礎絕對穩固。少了良好的品德，即使房子蓋得很快，蓋出來的也是危樓，蓋得愈高，跌得愈慘。

09

父母該怎麼給孩子一個幸福人生？

給孩子磨練，刺激他去追求幸福

看著孩子的身影，父母總不自主地想，「我要盡全力保護你，給你過最好的生活」，不管億萬富翁或升斗小民都是如此。但什麼是「最好的生活」呢？大多數的人都沒有答案。

我曾經跟一位中年男士進行會談。這位男士的父親，是一家公司的負責人，所以他從小就在優渥的環境中長大，高中畢業之後就出國讀書，取得碩士學位後回國工作。

這位男士從來不知道什麼叫「生活壓力」，因為他的金錢總是充足。他不太想工作，最長的工作資歷只有半年，即使被辭退也不是很在乎。他喜歡夜生活，兩性關係相當紊亂。直到四十幾歲，他依舊一事無成，成天享樂。

他的父親不夠聰明嗎？應該不是。畢竟可以經營一家公司，賺那麼多錢，頭腦應該不差。是他對人性不夠了解嗎？應該也不是。身為公司負責人，要管理那麼多部屬，EQ必須很好。

但為什麼這些智慧，沒有幫助到他最愛的孩子呢？

深思之後，我認為是父親的愛遮蔽了他的智慧。期待為孩子創造最幸福的生活，到最後反而害了他。

原來，中年男士的父親在困苦環境中長大，努力奮鬥數十年後事業有成，一心就想給家人幸福的生活。沒想到，給孩子幸福的生活，反而讓孩子跟社會脫節了。孩子以為錢容易取得，吃好、穿好、用好是應該的。加上個性不成熟，來往的都是吃喝玩樂的夥伴。種種惡劣因素交互作用，這孩子的一生就毀了。

幫孩子做好心理建設，讓他吃苦，才是給孩子最好的禮物。

具體來說，父母應該讓孩子付出心力後，才得到零用錢，而非無條件給他。當孩子夠大了，要讓他經濟自主，讓他嘗嘗缺錢的滋味，他自然而然會了解金錢的可貴。……

這些事情表面上是痛苦，卻是相當珍貴的禮物。這讓孩子曉得：「幸福不會平白出現，要努力爭取才能擁有」。

給孩子磨練、痛苦，怎麼會是愛孩子？

人們很難了解，痛苦與快樂是相互對立而並存的。痛苦會帶來快樂，快樂也會帶來痛苦。給孩子過多幸福，會讓他對幸福厭煩，輕視手中的東西。**給孩子磨練，反而會刺激他們追求幸福的欲望。**

想一想，一個身處窮困的孩子想要成功的動機有多強？而一個優渥環境長大的孩子，又會有多少動機呢？

母花豹是如何幫助小花豹獨立、適應原野生活的呢？一直叼肉給牠，提供牠舒適的環境嗎？絕對不是。大自然給母花豹的智慧是，帶回一些小動物，讓小花豹練習獵殺，讓牠逐步學會生存的技巧。

現代社會中，父母似乎都忘了這個原始的智慧——**「刺激孩子去『追求』幸福，而不是『給他』一個幸福生活」**。

10

為何孩子老講不聽、犯一樣的錯？

孩子也許有注意力缺陷過動症

你是否常看到某些小朋友，精力總是特別旺盛，跑來跑去、爬高爬低、調皮搗蛋。或常聽到為人父母者抱怨，說孩子漫不經心、拖拖拉拉、課業不理想？也許，這些孩子是罹患了「**注意力缺陷過動症**（Attention Deficit / Hyperactivity Disorder, ADHD）」。

罹患注意力缺陷過動症（簡稱ADHD）的孩子，多半有以下三大類症狀：注意力缺損、過動、衝動。

「注意力缺損」的症狀包括注意力不集中，粗心犯錯的機率高。「過動」與「衝動」的症狀則包括動個不停、多話、做事衝動。

每個孩子的狀況不同，有的孩子過動及衝動症狀比較嚴重，有的孩子注意力缺損比較嚴重，有些孩子則是三種症狀都很明顯。

有「注意力缺陷過動症」的孩子，常讓父母感到精疲力竭。這些孩子就像精力充沛的小蠻牛，動個不停。別的孩子教訓個一兩次就會改進，他們則是重覆地犯錯。此外，想到什麼，就做什麼，從不管事情的後果。即使父母忍不住，打了孩子一頓，孩子最多只乖幾天。沒多久，同樣的行為模式再度出現。

其實，**有此症狀的孩子並非故意要惹父母（或師長）生氣，而是由於腦部的狀況，讓他們有時也控制不了自己。**

根據醫學研究指出，過動症（ADHD）的主要因素是「腦內化學傳導物質不平衡」。慶幸的是，透過藥物即可有效改善這樣的問題，讓孩子的注意力集中、自我控制能力提升。

有的父母會說：「小孩總是比較皮，長大以後就會好了。」的確，隨年齡增長，孩子活動量漸漸下降，將不像小時候那樣好動。但和同齡者相比，過動症（ADHD）患者仍顯得較過動、衝動、注意力不集中。這些問題常會延續到成年之後。

我要提醒父母，**千萬別抱持「孩子長大後就會改善」的想法，而在目前階段不做任何處理。**

畢竟，一個有過動症（ADHD）的孩子，在學業、人際、生活上都會受到干擾，他的潛能因此不容易發展。同時會因為一直出狀況，讓老師、同學，甚至連家人都會不喜歡他。……

處於這樣的情境，孩子可能會變得自尊低落、敵視人群。有不少過動兒，長大後變成「非行少年」，違法入獄。

父母消極的處理態度，恐怕讓過動症損傷孩子的人格成長，其傷害可能是一輩子都無法修復的。

11

長期吃藥治療，傷腦傷肝又傷腎？

ADHD藥物副作用幾乎等於零

雖說，不少研究都指出，藥物治療是改善ADHD症狀最有效的辦法。但是父母不免會擔心：「吃藥會不會對孩子的身體造成傷害呢？這些藥會不會傷腦傷肝或傷腎啊？」

尤其是某些症狀較明顯、需要長期治療的孩子，父母對於相關藥物的副作用，更是百般憂慮。

目前用在治療ADHD的一線藥物是Methylphenidate，已在美國上市五、六十年之久。由於罹患ADHD的孩子很多（學齡兒童的盛行率估計約有3～5%），關於此藥物的研究也相當多。

大部分研究結果都指出，長期使用這類藥物，是相當安全的。

當然，有些孩子的體質較為敏感，的確會有副作用出現，不過都是相當輕微。最常見的是胃口不振或睡眠受到影響。

若父母因為害怕副作用的產生，而選擇不讓罹患ADHD的孩子接受藥物治療，是非常不合理的。

畢竟，藥物的副作用可能很快就消失，對孩子的影響也不大（相較ADHD的症狀對孩子的干擾，根本就是微不足道）。更何況，這些副作用大多也是可以處理的。

若因服藥有任何不適，父母可以嘗試跟醫師反應、討論。只要調整劑量、更動服藥時間或換藥，副作用就可能改善。

要是任何方法都試過，孩子還是無法適應藥物，大不了就停藥。停藥以後，這些副作用自然就會消失。

NOTE

善用獎懲 Tips

父母有徹底執行獎懲的決心，就能幫助過動兒激發自我控制力。

12

有藥物治療，過動兒長大就會好？

父母教養模式，是孩子好壞關鍵

不少過動症（ADHD）孩子的父母，即使對於孩子的過動、衝動、注意力不集中等問題行為快要受不了，心裡還是安慰自己：「孩子都是調皮好動的啊，聰明的孩子更是如此！」

學齡後，即使老師一直抱怨「孩子有干擾行為」，父母依然在心裡想：「是老師太沒耐心了，孩子長大就會好了啊！」

只是長大真的就會好嗎？這個觀念只對了「三分之一」。

過動症（ADHD）有三個主要症狀——「過動」、「衝動」與「注意力不集中」。長大後，第一個會改善的是「過動」問題。**隨著孩子年紀增長，「過動」程度會明顯降低。**不過，很不幸的是，**「衝動」與「注意力不集中」這二個症狀，都會保留下來。**

所以我才說，「長大就會好」這句話，只對了三分之一。

當過動兒長成青少年，「過動」情形的確會減少，但孩子依然深受另外兩個症狀的影響，經常出現問題。

這些孩子常會因為注意力不集中，無法有效學習，也因為衝動、情緒控制不佳，導致人際關係不好。長期下來的挫折，讓過動兒的自尊心低落。長大後，他們更容易出現自殺傾向。

一定比例的ADHD患者會自己好（症狀自動減緩），但也有很高比例患者症狀會延續。根據調查，每100個患有ADHD的兒童之中，約有60～80人的症狀會延續到青少年。持續追蹤下去，這100個ADHD患者，約有40～60人成年之後還存在ADHD症狀。因此，如果父母沒有把握機會，積極治療，需要承擔的風險可能是，「孩子的學習一片空白、人際關係很差」。

某些情況下，我會特別建議父母考慮藥物治療。**當孩子在學校有干擾行為、人緣差、常跟老師起衝突時，就是適用藥物的時機。**因為惡劣的人際環境，往往會影響孩子的自我概念。

一個孩子長期被團體排斥，進而自暴自棄，就會開始敵意行為。而這些敵意行為，將會引發更多的排斥。在一連串的惡性循環催生之下，許多的「非行少年」就因此產生。

「藥物治療」是目前最快速、最有效能改善ADHD的方式。

我相信，父母在考慮是否讓孩子服藥時，內心都相當掙扎。難免有個疑惑：「藥物若不能治癒ADHD，為什麼還要一直吃呢？」

答案很簡單。**藥物能有效控制症狀，減少ADHD對孩子的干擾。**當孩子注意力能集中，他們的課業表現就會改善。當減少過動、衝動行為，他們人際關係就會變好。孩子的自信會提高。

藥物不是萬靈丹。它可以提升孩子注意力、減少過動衝動行為，但這只完成了一半工作。另一半的工作得靠父母的努力。**父母必須調整教養模式，設定清晰合理的規則，並確實獎懲。**

我個人長久的觀察是，藥物讓父母更容易管教孩子，但無法帶來深層改變。真正塑造孩子性格的，還是父母的教養。

13

協助注意力不足孩子的最佳策略？

先替孩子做計畫，再教他擬計畫

過動症（ADHD）的孩子常讓人感覺個性散漫、做事沒有計畫。多數的父母會發展出一套管教的模式——「用強烈的措辭責罵孩子，狀況比較嚴重的時候，就把孩子痛打一頓」。

這個模式對過動兒（ADHD），一開始有用。但是，維持的時間並不會太長。不用多久，孩子又會回到原來的「失控狀態」。

除了罵和打外，父母能選擇其他策略來幫助孩子。

若孩子的記性不好，三天兩頭忘記帶東西到學校。父母就可以替孩子條列清單（如右圖），並要求孩子在晚上睡覺前，依據清單項目，一一把該帶的東西放進書包。放好一項，就在該項的方格內打勾。這樣一來，孩子遺漏的狀況就會大幅改善。

明天（○年○月○日／星期○）要帶到學要的東西：

□ 國語課本　□ 國語習作　□ 數學習作（甲本）

□ 自然課本　□ 剪刀　□ 色鉛筆

□ 英語學習單　□ 手帕、衛生紙　□ ……

有時，父母要孩子主動幫忙家務，不過，即使是每日例行工作，注意力不佳的孩子還是經常忘記，就算提醒，再忘機率依舊很高。

這種情況，父母不妨在醒目的地方，放置公布欄。並設計表格，公布孩子當天要做的事情（如右圖）。完成了一樣就打勾。

此外，父母要告訴孩子「常去看公布欄」，看有沒有該做卻還沒做的事。若加上優渥的獎勵，孩子將能更有效率的達成任務。

小蓉今天（○年○月○日／星期○）要完成的家事：

□倒垃圾（約晚上5點前，垃圾車來的時候）
□洗晚餐的碗筷（用完晚餐的30分鐘內完成）
□……

【準時完成一項工作，就可以領獎金10元】

要教導一個注意力有缺陷的孩子，就像帶一群散漫的士兵。身為領導者，一定要做好計畫，好讓他們能按部就班地執行。

當孩子發現——「做計畫能使他們的行為表現有所改善」時，他們就會了解「做計畫」的重要。**隨著孩子長大，父母不只是要「叫」他們遵守計畫，還要「教」他們去擬定計畫。**

「注意力缺陷」不是個大問題，藥物可以改善一部分的症狀。剩下的障礙，就要看孩子能否利用「做計畫」來克服了。

14

面對過動兒，只能包容與忍讓嗎？

搭配獎懲，孩子行為才能上軌道

過動兒（ADHD）父母對孩子的行為問題，多少存在一些錯誤觀念。其中最嚴重的是認為：因為孩子有過動症，所以大家要包容他。

這樣的觀念隱含一個邏輯，即「過動症的孩子（ADHD）是完全無法控制自我的」。於是，當孩子在犯錯、暴怒、摔東西，甚至出言不遜的時候，父母就只能一再地忍讓。

「過動兒（ADHD）完全無法克制自己」的觀念是錯誤的，他們絕對有能力學會控制自己。父母必須了解，過動兒（ADHD）需要的是適度的協助，而非一味的縱容。

就長遠的眼光來看，孩子也非得學會控制自己不可。在家裡，父母（或家人或親戚長輩）可以允許孩子胡亂發脾氣、口出惡言。但是，家門以外的人願意忍耐嗎？

家人愈是忍讓，孩子愈是會把偏差行為視為正常，那麼，他日後就愈難去適應社會，愈難與人相處。

我曾經會談過一對父母，他們始終相信「過動的孩子是無法控制行為的」。因此他們對於各種問題行為一律包容。不僅如此，他們也說服學校導師「一起包容」。老師竟然也同意了。

不出多久時間，這孩子成了班級裡的小霸王，沒有人敢惹他。直到升上小四，導師換人，這個模式就行不通了。

新導師不願意屈就父母建議的教育方式，問題就爆發了。孩子養成的行為模式無法改變，不但蠻橫霸道，對老師也敢咒罵、拿東西丟。後來，學校要求這個孩子轉學。

過動兒（ADHD）真的無法控制自己嗎？不是的。過動兒的確容易衝動，相對於一般孩子，過動兒的控制能力較差——**「但是，自我控制能力『差』，不等於『完全沒有』自我控制能力」**。

父母對一些與社會適應無關的問題（如功課、整潔等），可以寬鬆。但對社會難接受的行為（如霸道、不禮貌等），要堅持原則。摔東西、出言咒罵、動粗等行為，一定要嚴格制止。

要壓制孩子的不良行為，可以搭配懲罰。例如，剝奪他的電視（電動）時間、剝奪他的零用錢……。若找不到好的辦法，也能跟其他家長一起討論交流，或看看網友的分享，參考別人的管教方式。

孩子的行為要上軌道，父母先要有徹底執行的決心。

特別是過去被縱容慣的孩子，剛開始要管束，必然引起反彈。有些青少年搞不好會出現拒學、恐嚇、攻擊的動作。縱然如此，父母也要堅持到底，即使要請警察介入，也在所不惜。

「真的需要這樣子？他只是不會想而已！」父母也許這麼自我安慰。要曉得，一個孩子會出現恐嚇、攻擊的行為，情況已經相當嚴重了。這種行為大多只會愈來愈糟，很少會主動改善的。

堅定地約束過動兒，對他才是好的。

如果孩子的行為被壓制下來，遵從了父母的規則，也許他還有機會適應社會。如果孩子的暴躁個性持續，長到青年壯年，誰還管得住他？那時候，可能只有靠法律，才能約束他了。

不用更好，只要剛剛好的教養哲學

作　　者 | 楊順興
選　　書 | 林小鈴
企畫編輯 | 蔡意琪

行銷經理 | 王維君
業務經理 | 羅越華
總 編 輯 | 林小鈴
發 行 人 | 何飛鵬
出　　版 | 新手父母出版・城邦文化事業股份有限公司
台北市中山區民生東路二段141號8樓
電話：02-2500-7008　　傳真：02-2502-7676
E-MAIL：bwp.service@cite.come.tw
發　　行 | 英屬蓋曼群島商家庭傳媒股份有限公司城邦分公司
台北市中山區民生東路二段141號11樓
書虫客服服務專線：02-2500-7718；02-2500-7719
24小時傳真專線：02-2500-1990；02-2500-1991
服務時間：週一至週五上午09:30～12:00；下午13:30～17:00
讀者服務信箱：service@readingclub.com.tw
劃撥帳號 | 19863813　戶名：書虫股份有限公司

香港發行 | 城邦（香港）出版集團有限公司
香港灣仔駱克道193號東超商業中心1樓
電話：852-2508-6231　　傳真：852-2578-9337
電郵：hkcite@biznetvigator.com
馬新發行 | 城邦（馬新）出版集團 Cite(M) Sdn. Bhd.
41, Jalan Radin Anum, Bandar Baru Sri Petaling,
57000 Kuala Lumpur, Malaysia.
電話：603-9057-8822　　傳真：603-9057-6622

封面設計 | 劉麗雪
內頁設計・排版 | 吳欣樺
製版印刷 | 卡樂彩色製版印刷有限公司

初版 | 2015年12月22日
修訂版 | 2019年04月18日
定價 | 320元
ISBN | 978-986-5752-35-4
EAN | 471-770-2906-15-3

城邦讀書花園
www.cite.com.tw
Printed in Taiwan

國家圖書館出版品預行編目資料

善用獎懲的教養新配方／楊順興著 -- 初版. -- 臺北市：新手父母, 城邦文化出版：家庭傳媒城邦分公司發行, 2015.12

面； 公分（好家教系列；SH0141）

ISBN 978-986-5752-35-4 （平裝）

1.心理諮商 2.親職教育 3.親子關係

178.4 104027285